EL GANSO MARISCO
y otras charlas de cocina

Breno Lerner

EL GANSO MARISCO
y otras charlas de cocina

Editorial [EJ] Juventud
Provença, 101 – 08029 Barcelona

Cualquier forma de reproducción, distribución, comunicación pública
o transformación de esta obra solo puede ser realizada con la autorización
de sus titulares, salvo excepción prevista por la ley. Diríjase a CEDRO
(Centro Español de Derechos Reprográficos, www.cedro.org)
si necesita fotocopiar o escanear algún fragmento de esta obra.

Título original: O Ganso Marisco
© Editora Melhoramentos Ltda., Brasil
Autor: Breno Lerner, 2011
Ilustraciones: Domingos Takeshita, 2011

© Breno Lerner, 2011

© de la edición castellana:
EDITORIAL JUVENTUD, S. A., 2015
Provença, 101 - 08029 Barcelona
info@editorialjuventud.es
www.editorialjuventud.es
Traducción de Núria Riambau

Primera edición, 2015

ISBN 978-84-261-4412-5

DL B 6484-2015
Núm. de edición de E. J.: 13.059
Printed in Spain
Arts Gràfiques Grinver, S.A.

A Suely, Carolina y Vanessa, mujeres de mi vida.
A mis abuelas, de quienes lo aprendí todo.
A la memoria de mi padre, que me lo enseñó todo.

PRESENTACIÓN

Soy un contador de historias. Me encanta contar historias y anécdotas, y si son de cocina mucho mejor.

Todo comenzó en casa de mi Babe Clara, mientras la veía preparar con diligencia las comidas y cenas judías clásicas de todas las fiestas y del sabbat. Con el paso de los años me di cuenta de que todo ese bagaje se perdería y empecé a llevar un registro, convirtiendo *abissele* ('un poco', en yiddish) en tazas y *shticale* ('un trocito') en gramos. Pero fue pasando el tiempo, y la curiosidad hizo que siguiera buscando y registrando historias y orígenes de cada plato e ingrediente.

En algún momento de la década de 1980, Jairo Fridlin, de la librería Sefer, me preguntó por qué no empezaba a contar a los demás todas estas historias. Pues mira, querido Jairo, la que has organizado…

Desde entonces empezaron a llegar talleres, charlas, programas de televisión, columnas de revistas, periódicos y sitios web, tres libros publicados; en definitiva, que mis actividades aumentaron, mis intereses se multiplicaron y empecé a cocinar para ilustrar mejor las historias que cuento. Ahora soy un contador de historias metido a cocinero.

Para poder contar historias, empecé a dedicar todo el tiempo libre de que disponía a la investigación y, queridos amigos, qué ardua tarea ha sido intentar encontrar fuentes y orígenes. En mayor medida que otros aspectos culturales de la historia, la cocina y sus ingredientes suelen tener más de un origen, más de una historia, más de una versión. En cuanto me enfrenté a este hecho intenté poner en cada cuento el que me pareció más contrastado o más plausible a la luz de los hechos; o, en casos excepcionales, debo confesarlo, el más divertido…

Así pues, queridos amigos, no he buscado con estas historias alcanzar el rigor de la arqueología culinaria, pero sí destacar algunos aspectos interesantes que permitieran al lector comprender un poco mejor qué está comiendo y por qué, y hacerlo de manera agradable y, en la medida de lo posible, divertida.

Debo un agradecimiento muy especial a mis editores de revistas, programas y sitios web, que con sus conocimientos contribuyeron en gran medida a mis investigaciones.

Asimismo debo un agradecimiento muy especial al Centro de Cultura Judía, mi casa y mi cocina, que me permitió, durante los últimos años, llevar a cabo investigaciones, programas y talleres, judíos o no, muchos de ellos reflejados en este libro.

Un agradecimiento único a mi madre que, calladamente, siempre ha apoyado mis aciertos y mis errores.

A los judíos no se les permite pronunciar o reproducir el nombre del Creador, por eso he adoptado la grafía convencional Di-s.
Breno Lerner

«EL» LIBRO DE RECETAS

Un verdadero tesoro gastronómico, compilado en la misma época que *Las mil y una noches*, refleja la fascinante historia de la fusión del mundo árabe con sus recetas medievales.

Hace mil años, el cultivado príncipe de Alepo, Saif al-Dawla al-Hamdani, encargó al poeta Abu Muhammad al-Muzaffar ibn Sayyar un libro que describiera la riqueza gastronómica de la época. Tenía buenos motivos para ello, pues la cultura de la gastronomía era casi una obsesión entre los gobernantes sasánidas, que promovían torneos de cocina y concursos de recetas palaciegas. La dinastía siguiente, los abasíes, mantuvo esa costumbre con el cambio de capital a Bagdad y el consiguiente renacimiento cultural de la región.

El autor, que era un descendiente noble de antiguas dinastías, tenía acceso a todas las familias importantes de la época y consiguió las recetas de los palacios de los califas, de los príncipes y de todos los personajes importantes. En el libro, que contiene un total de 35 recetas, hay algunos tesoros, como las recetas personales de los califas Al-Mahdi, el

Salvador; Al-Mutawakkil, el Constructor; y Al Mamun, el hijo rebelde del gran Harun al-Rashid, además de las historias culinarias del poeta y gastrónomo Ibrahim ibn al-Mahdi.

Poco de esta obra maestra ha llegado hasta nuestros tiempos. Solo tres manuscritos completos y un cuarto manuscrito incompleto revelan la maravilla culinaria de la que fue la ciudad más rica de su época. Desgraciadamente, no es suficiente para que entendamos el verdadero imperio gastronómico que fue Bagdad.

Curiosamente no encontramos recetas de hummus, tabule, kebbe o baclava, ya que en aquella época la fusión entre el mundo persa y el musulmán no era tan fuerte todavía. Sin embargo, sí que encontramos recetas los nombres de las cuales homenajeaban a los potentados de aquel tiempo, como *Haaruuniyyah*, *Ma'muuniyyah*, *Mutawakkiliyyah* e *Ibraahimiyyah*. Incluso existe una con el nombre de la mujer de Mamun, *Buraniyyah*, una de las pocas que han pervivido hasta la actualidad y que, dicho sea de paso, es una de las distintas versiones conocidas de la berenjena con carne.

De hecho, hay que destacar la poca cantidad de recetas con berenjena que contiene el libro. Hoy en día es conocida entre los pueblos árabes como *sayyid al-khudaar*, la reina de las verduras, pero en la época era una importación reciente de la India, poco conocida y de sabor amargo.

Como dijo un beduino cuando se le mostró una berenjena (lo que se relata en el libro como una anécdota), «esa tal berenjena tiene el color de la barriga de un escorpión y el sabor de su cola...». Médicos de la época llegaron a atribuir algunas enfermedades a su consumo.

A pesar de ello, encontramos siete recetas de berenjena en el libro, dos de ellas llamadas *Badinjan Burani*, berenjenas de Boran, en homenaje a la mujer del califa que fue, tal vez, la primera mujer de la nobleza que divulgó su uso, muy probablemente ya en el memorable banquete de su boda, que se describe en el libro como un marco de lujo y refinamiento históricos.

Una tercera receta, también atribuida a Boran, se elabora con rebanadas de berenjena fritas y aderezadas con pimienta, comino y, sorprendentemente, ruda picada.

La ruda, conocida por los persas como *rue*, se utilizaba como aderezo, probablemente una costumbre que provenía de la India. Curiosamente, los médicos de la época ya advertían que podía alterar el ciclo menstrual femenino y, por lo tanto, no debía recomendarse a mujeres embarazadas o que quisieran quedarse embarazadas.

También es interesante saber un poco más sobre la comida de los pueblos árabes preislámicos, que se fusionó con las tradiciones persas y crearon esa maravillosa cocina.

Aunque era abundante, la dieta preislámica era también bastante monótona. Todo giraba en torno a los dátiles, la cebada, la leche y sus derivados, e incluso había palabras específicas para sus variantes: dátiles con leche *(majii')*, dátiles secos con leche *(siq'al)*, dátiles sin hueso con leche *(watii'ah)*, dátiles amasados con leche *(wajii'ah)*...

Cuando los árabes conquistaron Persia, se encontraron con una cocina muy sofisticada y la adoptaron de inmediato, con el consiguiente sincretismo.

El culto a la gastronomía en la corte sasánida era prácticamente una religión, como muestra muy bien el libro *La historia del rey Khursaw y su siervo*, del siglo VI, donde se narra la vida de un joven noble que quería hacerse un lugar en la corte del rey y a quien este le interrogó únicamente sobre cocina y gastronomía, con lo que acabó perfilando un paisaje gastronómico de la época. Un fragmento muy curioso de este texto afirma que la forma saludable de engordar las gallinas consiste en alimentarlas con semillas de cáñamo, popularmente conocido entre nosotros como marihuana.

El plato estrella del siglo IX en Bagdad eran los estofados, normalmente elaborados en el *tandur* (horno *tandoor*). Su nombre siempre llevaba un término descriptivo, como *sikbaaj* (aromatizado con vinagre) o *naarbaaj* (aromatizado con zumo de granada), sumado al nombre del ingrediente principal, *adasiyyah* (lentejas con carne) o *shaljamiyyah* (nabos), o incluso llevaba el nombre del califa de la época, como ya hemos visto. En ese caso, se suponía que la receta contenía el ingrediente preferido del califa; por ejemplo, en el *Haaruuniyyah* antes citado, ya se sabía que el aderezo principal era el zumaque (la fruta de la planta *Rhus coriaria*, seca y pulverizada, muy utilizada en la cocina árabe hasta la actualidad), que al califa Harun al-Rashid le encantaba.

El uso de especias era frecuente, como lo sigue siendo hoy. Entre las especias empleadas destacaban el comino, la asafétida (una hierba con un fuerte sabor a ajo todavía muy utilizada en la cocina de Oriente Medio) y el *galangal* (raíz también proveniente de la India, con un sabor mezcla de ajo, jengibre y mostaza). Como en la actualidad, en la misma receta llegaban a aparecer cinco o seis especias distintas, y entre ellas se contaban la ya citada ruda, la albahaca, el estragón, la menta, el perejil y el cilantro. Curiosamente, algunas recetas de estofados incorporaban, además de las especias, queso rallado.

Un aderezo muy empleado era el *murri*, una versión local de la salsa de soja, que se hacía envolviendo trozos de masa (elaborada con cebada) en hojas de higuera y dejándolos enmohecer. Se mezclaban con harina, sal y agua para que fermentaran durante un mes. La mezcla fermentada se prensaba y se filtraba, obteniéndose un líquido oscuro con sabor muy parecido a la salsa de soja, utilizado para aderezar prácticamente todos los platos de la época.

Los asados también se elaboraban, en su mayoría, en el *tandur*, algunas veces en piezas enteras, como el *jahb mubazzar*, una sofisticada receta de costillas de cordero con una costra de hierbas. El plato de asado más importante era el *Juudhaab*, o *Juudhaabah*, en el cual la carne se servía dentro de una especie de pudin ligeramente dulce, cocido en la base del *tandur* mientras recogía los jugos que rezumaban de la carne al asarse (una especie de tatarabuelo del pudin de Yorkshire).

El poeta Badi al-Zaman al-Hamadhani escribió más de una narración y algunos poemas que tenían esa receta como tema.

También se preparaban los pescados en el *tandur*, y entre ellos destacaba una receta en la que se pasaba por la parrilla la cabeza del pescado, se asaba el cuerpo y se freía la aleta. Esa receta acabó recogida en varios libros de cocina europeos como una invención divina. Su secreto consistía en envolver el cuerpo del pescado en diversas capas de paños empapados en jugos y la aleta en telas empapadas en aceite.

Me gustaría dejaros, por lo menos, la receta preferida del gran califa Harun al-Rashid, un regalo extraordinario. Por cierto, la palabra quiere decir «rápido», «inmediato».

Mulahwaja

ACEITE

1 CEBOLLA GRANDE EN RODAJAS

2 PUERROS CORTADOS

1 HOJITA DE RUDA BIEN PICADA (CUIDADO CON SU FUERTE SABOR Y CON SUS EFECTOS SECUNDARIOS)

1 CUCHARADA DE HOJAS DE CILANTRO

450 G DE CARNE DE CORDERO CORTADA EN CUBOS PEQUEÑOS

½ CUCHARADITA DE CANELA EN POLVO

1 CUCHARADITA DE COMINO

1 CUCHARADITA DE *GALANGAL* RALLADO (SI NO SE ENCUENTRA, PUEDE SUSTITUIRSE POR JENGIBRE RALLADO)

4 CUCHARADAS DE VINAGRE

2 CUCHARADAS DE SALSA DE SOJA (LA RECETA ORIGINAL ACONSEJABA *MURRI*)

2 CUCHARADAS DE MIEL

- Añadir aceite en una sartén para rehogar la cebolla, el puerro, la ruda y una tercera parte del cilantro hasta que se reblandezca.
- Dorar la carne por los dos lados y añadir el resto de ingredientes, excepto la miel y el cilantro sobrantes. Cocer la carne hasta que quede tierna.
- Añadir la miel y servir el plato decorado con las hojas de cilantro reservadas, acompañado de pan de pita ligeramente tostado.
- Saborear y lograr la sabiduría y la visión del gran Harun al-Rashid.

Solo me queda por contaros que este maravilloso tratado, este vademécum de la cocina medieval árabe, tan magnífico como *Las mil y una noches*, si no más, recibió de su autor el nombre de *Kitab al-Tabikh*, sencillamente: «El libro de los platos»...

LA DIETA BÍBLICA
En el principio había las verduras...

En la creación, Di-s reserva como alimento para el hombre «... todas las plantas que dan semillas y todos los árboles que dan frutos con semillas...» (Génesis, 1:29).

Así, el menú principal debería de estar compuesto, en el caso de los cereales, de trigo, cebada, centeno, avena y mijo. Las semillas deberían de ser el girasol, el sésamo, el lino o la linaza, la calabaza y otros frutos. Las plantas oleaginosas podrían ser las lentejas, el guisante, tal vez el cacahuete y la soja. Berenjenas, pimientos, melones, pepinos y, posiblemente, quimbombós, calabacines y frijoles eran las verduras más consumidas. Por aquel entonces, las frutas que se comían serían de la familia de los cítricos y, probablemente, de las palmáceas. También tendrían nueces, almendras y pacanas.

O sea, el plan original era que el hombre comiera plantas y frutas.

Ocurrió que, después del pecado original, el hombre fue expulsado del Paraíso y condenado a ganarse su sustento trabajando la tierra, y así fue como se fueron añadiendo a su dieta las hojas verdes —el pasto o la hierba del campo—, incluso las destinadas a los animales (Génesis, 3:17 y 19).

Pasaron a formar parte de la dieta las coles, las endivias, las escarolas, las coliflores y, probablemente, en una etapa posterior, los nabos y las remolachas.

Tras el diluvio universal, la carne y el pescado entraron a formar parte de la dieta humana.

Di-s, tras percibir el grato aroma del altar del sacrificio ofrecido por Noé (Génesis, 8:21), concede a los hombres como alimento todos los animales que se mueven y tienen vida (Génesis, 9:2), si bien prohíbe el consumo de sangre.

Fue también después del diluvio cuando el hombre conoció el vino y se emborrachó por primera vez. Noé plantó una viña, recolectó la uva, hizo vino y se embriagó (Génesis, 9:21). El vino y la borrachera serán, además, en la historia de Lot, el telón de fondo de uno de los momentos más escabrosos de la historia bíblica (Génesis, 19:31-38).

Más adelante se diferenciará a los animales puros de los impuros, y se restringirá desde el consumo de grasas (Levítico, 7:23-24) hasta la glotonería (Proverbios, 23:2).

A la llegada a la Tierra Prometida se introdujeron la leche y la miel; en realidad, se trataba de un equilibrio entre carbohidratos (miel) y proteínas (leche).

Además, una lectura general del texto sagrado nos da la sensación de que su autor prefería una dieta más vegetariana y menos carnívora. La carne está más reservada a los sacrificios, fiestas, visitas y ofrendas. Debe respetarse todo un código contra las impurezas, así como diversas restricciones para su consumo, como no mezclar la carne con la leche. En definitiva, todo lleva a creer en una marcada preferencia por un elevado consumo de verduras.

«¡Alto!», dirían los médicos y nutricionistas. ¿Y las proteínas? ¿De dónde sacaba el hombre bíblico las proteínas?

Por lo que sabemos, el alimento más completo que conoce el hombre es la leche materna, que contiene, o debería contener, todo lo que un ser humano necesita para tener una alimentación equilibrada al 100%. Pues bien, asombraos: solo un 1,5% de la leche materna está íntegramente compuesto de proteínas, ¡así que un buen plato de brócoli tiene más proteínas que un biberón! Dicho de otro modo, una vez más, el «escritor del texto sagrado» nos muestra su conocimiento de la naturaleza humana, así como de su comportamiento y sus necesidades. Conocimiento que queda probado y establecido en la historia de Daniel, quien fue, como veremos, no solo el inventor de la primera dieta de éxito, sino también el precursor del método científico de control de muestras, dos mil años antes de Sir Roger Bacon.

En el año 586 a.C., Nabucodonosor invadió Jerusalén, destruyó el templo y se llevó cautivo al pueblo judío a Babilonia, en lo que ha sido llamada «la primera diáspora». De aquella época proviene la narración del Libro de Daniel y su curiosa dieta:

El gran Nabucodonosor pretendía convertir a los jóvenes judíos a las costumbres y la religión locales, y ordenó al jefe de los eunucos, Aspenaz, que les diera nombres babilónicos y los alimentara con lo mejor de su cocina y con sus mejores vinos, y así corrompiera su mente y sus costumbres. Daniel y tres de sus amigos, Ananías, Misael y Azarías, se negaron a aceptar los nombres nuevos, Baltasar, Sadrac, Mesac y Abednego, y rehusaron especialmente la comida y el vino. Tras mucho conversar con Aspenaz, que temía que le cortaran la cabeza por culpa de los cuatro rebeldes, acordaron fingir aceptar sus nombres e hicieron un trato con el cocinero real. Durante diez días solo recibirían verduras y agua. Si, al cabo de diez días, no estaban en mejores condiciones que los demás jóvenes, no ocasionarían problemas a Aspenaz y al cocinero.

Pasados los diez días, y comparados con el grupo de control, estaban mucho más sanos y tenían mejor color que los demás jóvenes, y estaban libres de comida impura y de vino, y así fueron llevados ante la presencia del rey como sabios. Todos conocemos el resto de la historia, y, cuando los persas llegaron y Nabucodonosor ya había muerto —aquejado de locura—, ahí estaba Daniel, esperando a Ciro.

Al analizar lo que comían los caldeos en la época, cabe tener en cuenta que Daniel y sus amigos rechazaron comer cordero con mucha cebolla, puerro y hierbas, así como, posiblemente, gallinas, palomas o tordos, siempre asados o fritos en grasa animal.

Probablemente se comían algunos pescados de mar, pero muy de vez en cuando, y en general se asaban directamente en el fuego. Todo se consumía siempre con poca sal, aunque ya era bien conocida, así como la pimienta, muy utilizada y apreciada.

Acaso también debieron de rechazar el vino, de alta graduación alcohólica, que se bebía diluido en agua o mezclado con hierbas.

Sin embargo, debieron de comer lentejas, trigo y cebada, siempre cocidos, en patatas o en salvado, simplemente aderezados con sal y alguna que otra hierba. Posiblemente también nabos o calabazas, en sopa o en puré. Se hacían conservas, pero, por las restricciones del alcohol, Daniel y sus amigos no debieron de probarlas.

La dieta babilónica ya incluía hojas verdes y frutas, pero el texto del Libro de Daniel se refiere exclusivamente a una dieta de verduras. Así pues, queda como una sugerencia bíblica de una dieta que nos hará más saludables y nos dará mejor color...

Diversos estudios médicos y sociológicos han tratado esta preferencia del texto sagrado por una dieta vegetariana, aunque siguen desconociéndose las razones. No obstante, se sabe que los pueblos nómadas tenían como base de su dieta los vegetales y los lácteos, pero, naturalmente, consumían carne. Al aceptarse el diluvio como un fenómeno universal, puede pensarse que hubo un cambio de hábitos alimentarios cuando el hombre, con toda la vegetación destruida, se vio obligado a servirse un poco más de la caza para alimentarse.

Toda la constitución biológica y física del hombre, sin embargo, lo prepara para ser omnívoro; gracias a sus buenos dientes caninos y a su excelente sistema digestivo y enzimático, el hombre está capacitado para consumir carne dos veces al día, por mucho daño que ello pueda ocasionarle a largo plazo.

¿Será que el «autor» del texto bíblico ya sabía todo esto?

Como siempre, muy probablemente sí...

LA DISCRETA FALTA DE ENCANTO DE LA COCINA DE HOLLYWOOD

No solo de caviar viven los astros y las estrellas que brillan y brillaron en la constelación cinematográfica.

El *glamour* del séptimo arte y sus semidioses llega a nosotros, míseros mortales, a través de los ecos de los medios de comunicación. Estamos bombardeados por narraciones e imágenes delirantes de sus casas, fiestas, ropas, viajes y… de sus fabulosas y fantásticas comilonas.

Pero ¿es realmente cierto? ¿Realmente toman cada día champán para desayunar, ostras en el almuerzo y caviar en la cena?

Un rápido repaso a las biografías e historias de Hollywood mostrará a los lectores que las cosas no son exactamente así… Mantener esos cuerpos hermosos tiene un precio. Rodar doce horas al día tiene un precio. Salir de la nada para llegar al estrellato conlleva un elevado precio, y casi todos los astros y estrellas lo han pagado o lo pagan caro.

El champán, las ostras y el caviar son mucho menos frecuentes de lo que los medios de comunicación y nuestros sueños nos hacen creer.

Pero empecemos con mucho *charme*: en 1929, la Academia decidió celebrar su primera ceremonia de entrega de premios en una fiesta que con los años se volvería antológica. Todo fue preparado con mucho esmero para recibir, el día 16 de mayo de aquel año, a 270 invitados para una cena de gala en la Blossom Room del Hollywood Roosevelt Hotel durante la cual se anunciaría a los mejores del cine de 1927 y 1928.

El plan ya se frustró de entrada, cuando *Los Angeles Times* publicó el día anterior a la gala que la película vencedora era *Alas (Wings)*; Emil Jannings, el mejor actor, y Janet Gaynor, la mejor actriz. La ceremonia duró 15 increíbles minutos y después se sirvió una refinada cena consistente en:

> *Terrapin soup*
> *Jumbo squab Perigueux*
> *Lobster Eugenia*
> *L. A. salad*
> *Fruit supreme*

Terrapin es una tortuga bastante común en los Estados Unidos, parecida a la taricaya amazónica, con la cual se elaboraba una finísima crema con jerez.

Jumbo squab es nuestro conocido pichón —pero de tamaño grande, casi como una paloma—, que en esta cena fue servido asado con salsa de trufas negras.

La langosta, naturalmente del Maine, fue servida con una espesa salsa *rosé*, con guarnición de aguacates y alcaparras.

La *L. A. salad* todavía está en el menú del hotel. Consiste en una selección de lechugas verdes y crujientes con quesos y tomates cherry.

Y la *Fruit supreme* era un pastel de frutas y crema, servido con una salsa caliente de vainilla.

Saltemos al año 1955, en el que la bella Grace Kelly invitó a una de sus mejores amigas a almorzar para darles la gran noticia: ¡iba a casarse con el príncipe de Mónaco! El menú, como siempre, fue frugal:

Ensalada verde
Sándwiches de pollo a la plancha
Té helado

En 1960, durante el rodaje de la película *La herencia del viento*, Katherine Hepburn preparó la cena preferida de Spencer Tracy para él y para el director de la película, Stanley Kramer:

Ensalada mixta
Filet mignon a la parrilla
Sundae de chocolate

En el mismo año, durante el rodaje de *El multimillonario*, la pareja formada por Marilyn Monroe y Arthur Miller se alojó en el apartamento contiguo al del coprotagonista de la película, Yves Montand, y su mujer, Simone Signoret.

Simone solía cocinar para los cuatro, y las sobremesas y las bebidas se encargaban al servicio de habitaciones del hotel. Uno de los menús más frecuentes era:

Espagueti con albóndigas
Ensalada verde
Bombas de crema

Y para beber: Château Lafite-Rothschild y... leche.

El fotógrafo Tom Kelly cuenta en sus memorias que, en las sesiones de fotos con Marilyn, solo se admitía un plato, en el almuerzo y en la cena, a petición de la entonces aspirante a actriz: Chile con carne.

La pareja dorada de Hollywood, Elizabeth Taylor y Richard Burton, solía pasar idílicos fines de semana en el castillo de los Rothschild, en Francia. No por ello descuidaban la dieta en las cenas:

Caldo de gallina y verduras
Quesos variados

Nueces con pasas
Higos, mandarinas, naranjas y manzanas

En 1946, buscando localizaciones para una nueva película, John Wayne acabó conociendo a su segunda esposa, Esperanza Baur, durante un almuerzo en el que se sirvió:

Ensalada de palmito
Pinchos de carne
Picarones (masa frita de boniato con melaza)

Mae West, la bomba rubia, que realmente era rubia pero de tonta no tenía un pelo, declaró en su biografía que, durante años, su cena, no por decisión propia sino porque era lo que había, tras los ensayos de vodevil en el sótano de su casa, consistía en:

Eisbein *(codillo de cerdo)*
Chucrut
Coca-Cola

Las antológicas frases de Mae West quedaron para la historia; por ejemplo: «Amo la censura, me he hecho rica gracias a ella», «¿Llevas una pistola en el bolsillo o es que te alegras de verme?» (pregunta hecha a un amigo), «Entre dos pecados, siempre escojo el que todavía no he cometido» o, refiriéndose a su ex marido, «Su madre tendría que haberlo tirado y quedarse con la cigüeña».

Ahora un gran momento de la historia universal: los Beatles estaban en Estados Unidos y conocieron a Elvis Presley, el 27 de agosto de 1965, durante una cena sobre la que existen innumerables versiones respecto a lo contado y cantado. Uno de los puntos culminantes del encuentro se produciría cuando John Lennon, Paul McCartney y Elvis aunaron fuerzas en una versión improvisada de *You're My World* que, pese a ser una canción italiana, se hizo famosa en la voz de la cantante Cilla Black en la época de la invasión británica. De lo que no hay ninguna duda es del menú preparado por el cocinero de Elvis.

Hígados de pollo asados al beicon
Albóndigas con salsa agridulce
Huevos rellenos (Deviled eggs)
Ensalada de cangrejo (Cracked crab)
Fiambres
Frutas y quesos

Volvamos al pasado, a una comida típica de los apasionadísimos Humphrey Bogart y Lauren Bacall en los inicios de su vida en común, todavía en un apartamento de Los Ángeles, hacia el año 1945. La diva de *El amor tiene dos caras* cocinó, ella misma, para la estrella de *Casablanca*:

Pastel de pollo con verduras
Guacamole con tortillas
Dry Martini, para acompañar

El controvertido Mel Gibson no solo tiene una extraña manera de pensar, también tiene una extraña manera de comer. Cuentan algunos de sus colegas que durante el rodaje de *El patriota*, su cena era, invariablemente, día tras día:

Filete New York, bien pasado
Crema de espinacas
Agua mineral

Volviendo otra vez a Elvis Presley, recordemos la memorable noche en la que él, enamoradísimo, llevó a Natalie Wood (que por aquel entonces contaba diecisiete años) a conocer a su madre, en una cena especial típicamente sureña:

Asado de jamón con guisantes
Patatas asadas con melaza
Maíz hervido
Gachas de maíz (Hominy Grits)
Galletas dulces de maíz (Corn Pone Biscuits)

Las dos, dicho sea de paso, se odiaban, y el romance/futura boda terminó la noche de la cena.

Mientras investigaba acerca de las *delis* de Nueva York encontré un testimonio sobre las cenas semanales que hacían George Burns y Cary Grant. El menú era siempre el mismo:

Estofado de res para George Burns
Huevos pochados con tostadas para Cary Grant
Una porción extra de beicon para cada uno

Como hemos visto, la vida culinaria de las estrellas y los astros no siempre fue ni es tan glamurosa. El éxito tiene un precio, que pasa por las comidas. Además de que, entre nosotros, no se puede comer caviar y langosta todos los días. Unas buenas albóndigas de carne de la *mamma* o un cocidito bien caliente tienen su extraordinario encanto y el innegable sabor de comida sabrosa, casera y bien hecha, que el éxito y el dinero no borran.

Ya que empezamos con *glamour*, también terminaremos con *glamour*: Barbra Streisand y Omar Sharif, durante el rodaje de *Funny Girl*, por la noche repasaban la lectura del guion del día siguiente en la suite del hotel de Sharif y encargaban al servicio de habitaciones siempre el mismo menú:

Caviar sevruga
Ostras frescas
Champán Dom Pérignon

La vida siempre tiene dos caras...

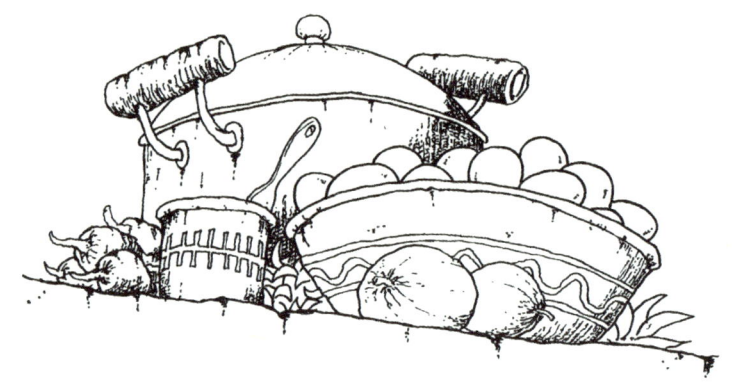

LA MESA ES LA CELESTINA DE LA AMISTAD
(EÇA DE QUEIRÓS)

El brillante Eça de Queirós amaba la buena mesa, y fue un estudioso de la gastronomía histórica y un ferviente defensor de la auténtica cocina portuguesa.

Eça nació en Póvoa de Varzim (Portugal) el 25 de noviembre de 1845. Fruto indeseado de una relación extraconyugal de su padre, terminó alejado de su madre y rechazado por ella, hecho que quedó profundamente reflejado en sus personajes femeninos, que casi siempre encarnaban símbolos de la lujuria y estaban dispuestos a enredarse en amoríos y relaciones peligrosas.

Se ha hablado y escrito mucho del Eça literario. Ahora nos ocuparemos del Eça gastronómico, del fundador de la *Cofradía de los Vencidos de la Vida* y sus memorables cenas, del autor que en su vasta obra cita 560 veces el término *cenas*; 232 *almuerzos* y 176 *cenas de etiqueta*.

Obras clásicas que nos acompañaron en la juventud, como *El crimen del padre Amaro* (1875), *El primo Basilio* (1878), *Los Maia* (1888) y *La ciudad y las sierras* (publicado póstumamente en 1901), están repletas de pasajes y referencias culinarias y gastronómicas.

En la comida del Hotel Central (en *Los Maia*), la tensión de una inminente invasión española queda disipada por el aroma de un maravilloso *poulet aux champignons*. La posible llegada de la República todavía está lo suficientemente lejos como para «que tengamos tiempo de comernos estos apetitosos *ovos queimados*...», mientras que el discurso sobre la manera denigrante en que África está siendo explotada se ve interrumpido por la llegada del *jambon aux épinards*.

El episodio del pez encallado en *La ciudad y las sierras* es uno de los momentos antológicos de la obra de Eça:

> *Jacinto organiza una comida especial para dignificar a un extraño pescado únicamente hallado en Dalmacia. Sucede que el plato queda retenido en el montacargas, entre la cocina y la habitación 202 del hotel. Todos corren a admirarlo por el hueco del ascensor. «En las tinieblas, sobre una enorme plancha, el exquisito pescado albeaba encima de la fuente, todavía humeante, entre rodajas de limón...». Intentan agarrarlo, levantarlo, pero todo es en vano. Concluyen que ha sido más divertido intentar agarrarlo que comerlo.*

La cena del abad de Cortegaça (en *El crimen del padre Amaro*) hace una apología del caldo de gallina, la *cabidela*, cuya invención se atribuye al mismo abad, «un artista divino...».

Hay dos aspectos que llaman la atención. Por una parte, todos los platos elogiados por los presentes (especialmente los aristócratas) en los ágapes queirosinianos proceden siempre de la cocina portuguesa tradicional, en contraste con los chefs franceses importados por la corte y famosos en Portugal. No debemos olvidar que *El cocinero moderno o Nuevo arte de cocinar* del francés Lucas Rigaud, establecido en Portugal —que fue chef del palacio de Doña María I y tuvo mucha importancia en la gastronomía brasileña, ya que residió cuatro años en Brasil–, fue editado en 1785 y revolucionó la cocina portuguesa: «... los chefs extranjeros elaboran platos lúgubres, traducidos del francés a la jerga culinaria vulgar, del mismo modo que en las comedias estudiantiles...».

Por otra parte, las discusiones y las conversaciones alrededor de la mesa dominan los textos de Eça, en los cuales siempre se suceden momentos cruciales de la historia durante una comida o inmediatamente antes o después. Este es un punto importante de la visión de Eça sobre la cocina y el acto de comer.

El autor fue un estudioso de la gastronomía de la Antigüedad. A pesar de no haber estado nunca en Brasil, su texto más importante sobre cocina fue originalmente editado en ese país. Las ediciones del 13, 14 y 15 de mayo de 1839 de la *Gazeta de Notícias*, de Río de Janeiro, publicaron tres crónicas que componen la magistral *Cozinha Arqueológica*, un delicioso y completo relato sobre la gastronomía en el Imperio romano y la Antigua Grecia.

Como no podría ser de otra manera, el texto tiene como base la magistral obra *Deipnosofistas*, de Ateneo de Náucratis, gracias al cual se preservó mucho de lo que conocemos sobre Grecia y Roma.

Eça daba gran importancia al *simposio*, las reuniones de intelectuales que en la antigua Grecia se celebraban tras las comidas y en las cuales se discutía sobre filosofía e historia. Nuestro autor portugués tomaba como modelo el *simposio* para sus personajes, ya fuera con sus diálogos o con sus debates en la mesa.

Cozinha Arqueológica es una de las pocas fuentes en que se cita a los siete supuestos dioses cocineros griegos, a saber: Agis de Rodas (cocinero especializado en pescado, que enseñó al hombre a combinarlo con orégano, comino y aceite); Nereo de Quíos (el mago de los estofados, que enseñó al hombre a prepararlos); Lampria (inventor de la salsa negra que alimentaba a los espartanos —aparentemente una mezcla de sangre y menudillos de cerdo y cebolla, de sabor y olor insoportables—); Apctonete (que consiguió embutir la salsa negra en intestinos de buey y así fue como inventó la morcilla y todos los embutidos); Euthyno (que enseñó a los hombres a cocinar y a comer legumbres y vegetales); Aristion (que sabía cómo preparar un plato para cada comensal), y, finalmente, Caríades de Atenas (inventor de la misteriosa *trion* blanca, que no se sabe a ciencia cierta qué era).

Ciertamente no fueron dioses, pero sus legendarias historias ocuparon buena parte del imaginario griego, hasta el punto de ser citados en *Deipnosofistas*.

Ahora, en flagrante delito autoral, una muestra gratis de la *Cozinha Arqueológica*:

Los banquetes fueron, entre los helenos, un poderoso factor social, casi una cuestión de Estado. [...]
El Partenón, la Venus de Milo y las Anacreónticas dan menos idea de la dulzura, la gracia, la delicadeza, la ligereza de los atenienses que uno de sus postres predilectos, que consistía en manzanas asadas, disueltas en miel y cocidas de nuevo con pétalos de rosas. [...]
Platón equiparó la cocina con la oratoria, y en uno de sus magníficos diálogos prodiga las mismas alabanzas a los que cocinan y a los que exponen buenas ideas, pensamientos y alimentos. [...]
De Sófocles tenemos las Tragedias; de Teócrito, las Églogas. Pero, por Di-s, ¿dónde están las salsas de Apctonete?

El autor no dudó en incluir recetas:

Así pues, yo sé cómo se cocinaba una cena en Atenas durante la dinastía de los Antoninos. Pongamos como ejemplo el pescado; podría ser un mújol. He aquí cómo se prepara, oh, sabios.
Se toma el mújol. Se descama y se vacía. Se prepara una masa bien batida con queso (que actualmente puede ser parmesano), aceite, yema de huevo, salsa y hierbas aromáticas y se rellena con ella el pescado.
A continuación, se unta con aceite, se adereza con sal y se cuece a fuego vivo. Luego, una vez esté bien asado y dorado, se rocía con vinagre muy suave. Se sirve...
y después se alaba a Neptuno, el dios de los peces.

Al contrario que la mayoría de los críticos, todavía pienso que *La ciudad y las sierras* es una de las mejores obras de Eça de Queirós. Sin embargo, en la modesta opinión de este cocinero, su obra magna es este opúsculo de apenas treinta páginas, pero de contenido infinito y de saberes ilimitados, que es la *Cozinha Arqueológica* —una oda de amor a la cocina, un himno de alabanza a la gastronomía.

LA REVOLUCIÓN
DE LA CARNE KOSHER DE 1902

Siempre que pensamos en los judíos de Estados Unidos nos vienen a la mente los famosos 23 judíos huidos de Recife (10 adultos y 13 niños) que llegaron a la entonces Nueva Ámsterdam en 1654, y acabamos por racionalizar la historia restringiendo los judíos a Nueva York.

Pocos saben que hacia 1830 la mayor población judía de Estados Unidos estaba ubicada en Charleston (Carolina del Sur).

Ya en 1790, el presidente Washington escribió en una carta a la comunidad judía de Newport (Rhode Island):

Que los hijos de Abraham que habitan en esta tierra sigan mereciendo y apreciando la amistad de sus paisanos. Y que todos puedan sentarse tranquilamente bajo sus propias parras e higueras y que no haya nadie que les atemorice.

Washington y Jefferson estuvieron en Newport para promover la adopción de la Declaración de los Derechos Humanos, y su contacto con la comunidad judía fue intenso y tuvo como resultado esta carta. Dicho sea de paso, Newport tiene la sinagoga —todavía activa— más antigua de Estados Unidos, la bella Touro Synagogue, fundada en 1763 por el rabino Isaac Touro, llegado en 1758 de Holanda para cuidar de la comunidad de la ciudad que se creó allí en 1658 con los judíos sefardíes llegados de las Antillas Holandesas.

Otras ciudades como Savannah (Georgia), Charleston (Carolina del Sur), Filadelfia (Pensilvania) y Baltimore (Maryland) llegaron a concentrar prácticamente toda la población judía del país hasta finales del siglo XVIII.

Una vez establecidas las raíces históricas, volvamos a los judíos de Nueva York. Pues bien, corría el mes de mayo de 1902 y el oligopolio de los mayoristas de carne kosher de Nueva York decidió, inesperadamente, incrementar el precio de la libra (453 g) de carne de 0,14 dólares a 0,18 dólares. En esa época, en la que dichos oligopolios empezaban a experimentar su poder, tales aumentos de precios, aunque exorbitantes, eran relativamente comunes.

La reacción de los pequeños establecimientos proveedores de carne kosher del Lower East Side fue dejar de vender en la ciudad para provocar el descenso de los precios, pero no pudieron oponer resistencia al poderoso *lobby*. A los consumidores no les quedó otra alternativa que comprar la carne por un elevado precio, o quedarse sin ella.

Ahora bien, en esa época las mujeres norteamericanas empezaban a introducirse en movimientos como el sufragista y el obrero. Influidas por este clima, el día 14 de mayo de 1902, varias amas de casa del Lower East Side hicieron una marcha de protesta por las calles contra el aumento de precios. Se sabe que las líderes de la iniciativa fueron Sarah Edelson, propietaria de un pequeño restaurante, y Fanny Levy, esposa del fabricante de relojes del distrito. Todo empezó con una movilización para impedir que las mujeres compraran carne al nuevo precio.

Los periódicos del día 15 de mayo de 1902 publicaron en las noticias que el pequeño movimiento tuvo como resultado que 20.000 mujeres marcharan por las calles del Lower East Side invadiendo las carnicerías y «confiscando» la carne *kosher*, que fue quemada en las mismas calles. Asimismo, la multitud arrebató la carne a las pocas mujeres que osaron comprarla.

El *New York Herald* escribió:

> [...] una enorme multitud, prácticamente formada solo de mujeres [...], armadas con tenedores, pancartas y uñas afiladas [...]. Una señora protestó porque su marido estaba enfermo y decía que necesitaba comer carne, a lo que una de las manifestantes le respondió que, en su *shtetl* de origen, el rabino había afirmado que las personas enfermas podrían comer carne no kosher y que tenía la obligación de unirse al boicot.

Al final del día, la policía había detenido a 85 manifestantes, 70 de los cuales eran mujeres. El *Herald* también escribió que:

> [...] las feroces mujeres tuvieron que ser empujadas y reducidas en el suelo por la policía, que no lograba contenerlas [...] Una de las mujeres, que estaba siendo empujada por dos policías, respondió estampándoles en la cara un buen pedazo de hígado de buey...

La prensa yiddish apoyó la protesta. El periódico *Forward* publicó el siguiente titular en la portada: «¡Bravo, bravo, bravo, mujeres judías!».

Ya el conservador *The New York Times* comentaba que dichas protestas debían ser reprimidas, sobre todo porque esas mujeres eran «muy ignorantes y hablaban en un idioma extranjero...».

La prensa económica publicó artículos sobre el poder de los oligopolios de la época, sobre todo en los sectores del aceite y el acero. El prestigioso *Times*, pese a posicionarse contra el movimiento, alertaba de que dichos disturbios deberían dar a Beef Combine (el trust de la carne) motivos para no dormir y reflexionar mejor sobre lo que estaba haciendo, y debe recalcarse, que dicho movimiento era el más significativo ocurrido hasta entonces en el país.

El boicot se propagó hacia Brooklyn, Harlem, Newark, Boston y Filadelfia. Llegó hasta las sinagogas, en las que las mujeres llegaron a pedir a los rabinos que dieran su apoyo al boicot desde el púlpito y, en algunos casos en que no fueron escuchadas, invadieron las *bimot* en pleno sabbat para defender el movimiento. Una portavoz anónima defendía en una sinagoga de Filadelfia la tesis de que había llegado la hora de que los hombres asumieran el liderazgo doméstico por derecho divino: «Utilicen el poder que les fue conferido por Di-s al decir "Y él reinará sobre ella…" e impidan que sus mujeres compren carne kosher».

El día 22 de mayo todas las carnicerías de la ciudad se adhirieron al boicot y, el día 27, los líderes ortodoxos, que hasta entonces no se habían manifestado, apoyaron el movimiento. El día 9 de junio el precio de la libra de carne volvió a los 0,14 dólares y aquella semana volvió a comerse carne kosher en el Lower East Side.

Los estudiosos coinciden unánimemente en afirmar que el boicot de 1902 fue la primera manifestación de la conciencia política y social de la mujer judía norteamericana. En su mayoría las manifestantes no eran ni siquiera ciudadanas americanas, pero ya habían vivido lo suficiente en países donde se habían visto privadas de su libertad, y ahora vivían en Estados Unidos, donde aprendieron lo que eran los derechos civiles.

El boicot a la carne kosher dio lugar a otros movimientos, como los de los alquileres de 1904, 1907 y 1908 y los contrarios a los precios de los alimentos en 1907, 1912 y 1917. La historia nos mostró, años después, que muchas hijas de madres que participaron en esos movimientos terminaron por formar la génesis del movimiento obrero de Nueva York, demostrando de este modo que la libertad y la ciudadanía son las mejores bases para el progreso y el desarrollo.

LA ÚLTIMA CENA DEL *TITANIC*

La mañana del 14 de abril de 1912, exactamente a las 5 horas de la madrugada, los más de 60 chefs y ayudantes, así como un turno de 72 ayudantes de cocina, iniciaban su jornada diaria para preparar las comidas para las 2.228 personas que se hallaban a bordo, entre los 885 tripulantes y los 1.343 pasajeros (337 en primera clase, 285 en segunda y 721 en tercera) del *R.M.S. Titanic*, orgullo de la industria naval de la época, en su viaje inaugural.

Eran 46.328 toneladas de hierro y acero con los más lujosos materiales de la época; nueve cubiertas se extendían en 54 metros de altura y 268 metros de longitud; 29 calderas consumían 825 toneladas de carbón al día para impulsar los dos motores y las cuatro turbinas del navío; había 840 camarotes: 416 de primera clase, 162 de segunda y 262 de tercera, más 40 dormitorios compartidos.

Su construcción ascendió a un coste de 7,5 millones de dólares estadounidenses, algo así como unos 400 millones de dólares actuales, y se cobraban unos 4.350 dólares (aproximadamente 70.000 dólares actuales) por una suite, 150 dólares (unos 2.400 dólares actuales) por un camarote de primera clase, 60 dólares por uno de segunda clase y 40 dólares por uno de tercera clase. Como referencia, un maestro soldador que trabajó en la construcción del navío ganaba 10 dólares al mes.

Por ese precio, además de las cinco comidas al día, el pasajero tenía a su disposición un gimnasio con esterillas, bicicletas estáticas y, novedad en aquella época, una máquina de equitación. Además de eso, tenían la primera piscina climatizada construida en un navío, baños turcos y pista de squash, así como dos barberías (una exclusiva para primera clase, con los primeros dispensadores automáticos para champú de la época); salas de fumadores exclusivas para hombres, solo para los pasajeros de primera y segunda clase; una biblioteca de 2.000 volúmenes, con su correspondiente sala de lectura; el Parisien Café, con camareros procedentes de Francia; el Veranda Café, decorado con palmeras reales; luz eléctrica y calefacción en todos los camarotes (el único navío de la época que ofrecía estas comodidades); cuatro ascensores eléctricos, los primeros en instalarse en un navío (tres para primera clase y uno para segunda); enfermería con dos médicos y cuatro enfermeros, equipada para operaciones de urgencia; centralita telefónica eléctrica para intercomunicación entre camerinos (también fue el primer navío en ofrecer este servicio); y restaurante *à la carte* exclusivo para primera clase accesible solo mediante reserva.

En su lista de equipajes especiales constaban, entre otros:

- 1 Renault 35 CV, del señor William Carter
- 1 máquina para hacer mermelada de la señora Edwina Trout
- 1 cuadro de Blondel, *La circassiene au bain*, del señor Hokan Bjrnstron-Steffanson
- 7 torás del señor Hersh L. Sielbald
- 50 cajas de pasta de dientes, de Park & Tilford
- 1 baúl de excepcionales porcelanas de Tiffany's
- 5 pianos de cola
- 1 copia única del libro *The rubayyat*, de Omar Khayyam. La encuadernación era de hojas de oro, con 1.500 piedras preciosas
- 4 baúles de opio
- 3.364 sacas de correos y 800 sacas de valijas y cartas certificadas

Volviendo a nuestros cocineros, estaban ellos preparando la comida para abastecer a los tres comedores: solo el de primera clase tenía 970 metros cuadrados, y albergaba en su mobiliario y decoración Imperio y Regencia a 554 personas, además de bares, cafés y quioscos. El restaurante *à la carte*, conocido como Ritz, aunque no fuera ese su nombre, contaba con su propio equipo, bajo la dirección del chef Rousseau y del maître Luigi Gati, este último contratado a peso de oro para que saliera del afamado Ritz de Londres.

Todo este ejército de cocineros y asistentes tenía a su disposición la siguiente lista de víveres:

- 33.750 KILOS DE CARNE FRESCA
- 4.950 KILOS DE PESCADO FRESCO
- 1.800 KILOS DE PESCADO SECO
- 1.221 BARRILES DE OSTRAS FRESCAS
- 3.375 KILOS DE BEICON Y JAMÓN
- 11.250 KILOS DE POLLO Y PATO
- 40.000 HUEVOS FRESCOS
- 1.125 KILOS DE SALCHICHAS
- 40.000 KILOS DE PATATAS
- 1.575 KILOS DE CEBOLLAS
- 1.575 KILOS DE TOMATES
- 800 MANOJOS DE ESPÁRRAGOS FRESCOS
- 1.125 KILOS DE GUISANTES FRESCOS
- 7.000 COGOLLOS DE LECHUGA
- 450 KILOS DE MENUDOS DE TERNERA
- 788 KILOS DE HELADOS VARIADOS
- 990 KILOS DE CAFÉ
- 360 KILOS DE TÉ
- 4.500 KILOS DE ARROZ Y ALUBIAS
- 4.500 KILOS DE AZÚCAR
- 250 BARRILES DE HARINA
- 4.500 KILOS DE CEREALES PARA EL DESAYUNO

- 56.000 manzanas
- 36.000 naranjas
- 16.000 limones
- 450 kilos de uva
- 13.000 pomelos
- 504 kilos de mermelada
- 5.670 litros de leche
- 300 litros de crema de leche
- 2.268 litros de leche condensada
- 2.700 kilos de mantequilla
- 15.000 botellas de cerveza
- 1.000 botellas de vino
- 850 botellas de destilados
- 1.200 botellas de agua mineral
- 8.000 cigarros

El menú del salón de primera clase que reproducimos a continuación es exactamente el servido en la última y trágica noche del navío, que, al estar impreso, pudo recuperarse. Muchas de las recetas son originales, mientras que otras son recreaciones basadas en costumbres e ingredientes de la época.

La vajilla usada para servir la mesa, era de plata, llevada por carritos a cada mesa por un camarero y un ayudante, que servían a la francesa cada una de las opciones.

No había sumiller a bordo y los camareros aconsejaban los vinos según el menú y la opción del cliente.

Entremeses

En el menú original no se especificaba el tipo de canapé, por lo que se ha escogido L'Amiral, que era un clásico de la White Lines, propietaria del navío.

Canapés a l'Amiral — Canapés hechos de rebanadas finas de *baguette* tostadas con mantequilla de gamba y rodajas de limón.

Ostras a la rusa — Ostras frescas servidas con una salsa de vodka, rábano picante, cebollino y limón.

Vinos: Burdeos blanco, Borgoña blanco y Chablis para las ostras.

❧ *Sopas* ❧

Era costumbre de la época ofrecer un caldo claro y una crema como opciones para una cena de etiqueta.

Consomé Olga — Sería un consomé normal si no fuera por el ingrediente secreto llamado *vésiga*, la espina dorsal del esturión, que se hidrataba durante cinco horas y después se cocía durante tres horas más para que fuera soltando su sabor y su consistencia gelatinosa.

Cream of Barley Soup — Sopa cremosa de cebada regada con whisky.

Vinos: Madeira o Jerez.

❧ *Pescados* ❧

No eran habituales los platos de pescado en los navíos de la época, posiblemente por problemas de conservación.

Poached Salmon with Mousseline Sauce — Filete de salmón con salsa holandesa batida con crema.

Vinos: blanco seco de Rin o el Mosela.

❧ *Entrantes* ❧

Al contrario que hoy en día, los entrantes eran pequeñas porciones en las que los chefs mostraban sus grandes especialidades.

Filet Mignon Lili – La quintaesencia del período eduardiano: un medallón de filete a la parrilla, cubierto con rodajas de *foie gras* y trufas, servido sobre un lecho de patatas Anne (una variedad de patatas cortadas en rodajas finísimas y doradas en mantequilla).

Chicken Lyonnaise – Pollo salteado en una salsa de cebolla, ajo, vino blanco y tomillo. Considerado uno de los platos más sabrosos del menú.

Vegetable Marrow Farci – Un tipo de calabacín muy raro (*marrow squash*), que se encuentra en Europa cuatro o cinco semanas al año, relleno de una mezcla de arroz, champiñones y hierbas.

Vino: tinto Burdeos.

❧ *Removes* ❧

Se trataba de los platos principales de la comida y los más pesados, normalmente las porciones mayores.

Lamb with Mint Sauce – Pierna de cordero asada y después cocida en vino tinto, acompañado de una salsa de menta fresca.

Calvados-Glazed Roast Duckling with Applesauce – Pato entero asado con glaseado de Calvados con puré de manzana.

Roast Sirloan of Beef Forestière – Filete de buey asado con salsa a base de champiñones, vino y cebolla.

Château Potatoes — Patatas torneadas en forma de barril y asadas en mantequilla.

Minted Green Pea Timbales — Pudin de clara de huevo, guisantes y menta, cocinado al baño María.

Creamed Carrots — Puré de zanahorias cocidas con canela.

Boiled Rice — Arroz.

Parmentier and Boiled Potatoes — Patatas cocidas y asadas.

Vinos: tinto Borgoña o Beaujolais.

❧ *Ponche o sorbete* ❧

Punch Romaine — Receta inmortalizada por Escoffier: sorbete de zumos cítricos y champán.

❧ *Asado* ❧

La costumbre de servir un asado después del sorbete es típico de la época eduardiana. Normalmente es una pieza de caza.

Roasted Squab on Wilted Cress — Perdiz asada con salsa de Madeira y albahaca servida en un lecho de brotes de berro.

Vino: tinto Borgoña.

❧ *Ensaladas* ❧

Escoffier introdujo la costumbre de servir ensaladas después del asado. La ensalada no se servía nunca con otros platos, y menos con carnes.

Asparagus Salad with Champagne-Saffron Vinaigrette — Ensalada de espárragos frescos con salsa a base de hebras de azafrán y champán, servida en platos especiales alargados, con pinzas especiales para los espárragos.

❧ Cold dish ❧

El *cold dish* era una costumbre inglesa, una nueva pausa en la comida, como la del sorbete. También podía constar de carnes frías o de pavo asado frío.

Paté de Foie Gras Celery — Paté de foie marinado en vino de Madeira y servido con apio.

Vinos: Sauternes o vino dulce del Rin.

❧ Sweets ❧

Aquí podría haber una división entre *cold* y *hot sweets*, que se servirían por separado.

Waldorff Pudding — Recibió este nombre por sus ingredientes, los mismos que la ensalada Waldorff, especialmente creada por Escoffier para el hotel americano: nueces, pasas y manzanas.

Peaches in Chartreuse Jelly — Melocotones en almíbar servidos en una gelatina a base de licor Chartreuse. Cabe recordar que por aquel entonces no existía la gelatina en polvo y se obtenía a partir de huesos, con lo cual era un plato muy laborioso.

Chocolate Painted Eclairs with French Vanilla Cream – Bombas de crema cubiertas de chocolate y acompañadas de crema de vainilla.

French Vanilla Ice Cream – Helado de vainilla.
Vinos: Moscatel, Tokay o Sauternes.

❖ Assorted Fresh Fruits and Cheeses ❖

Los quesos a bordo eran cheshire, stilton, gorgonzola, edam, camembert, roquefort, St. Ivel y cheddar.

Vinos: Sauternes, Champán y espumosos.

❖ After Dinner ❖

Coffee and Cigars – Solo en primera clase se servía café turco; en las otras se servía café de filtro. El café se servía hasta tres cuartos de la taza, en la que se echaban directamente los licores. Los hombres se fumaban su primer puro en el salón comedor y después se iban al *fumoir* a degustar el segundo puro y el coñac.

Vinos: vino de Oporto y licores.

AMICI & TARTUFI

Octubre es el mes de las trufas blancas de Alba. En esa época empieza la fiebre millonaria por los preciados tubérculos.

Tuve ocasión de probar las trufas de la temporada y, lo más importante, tuve ocasión de comprobar la tesis de que los buenos amigos son como las trufas: raros, difíciles de encontrar, complicados de mantener, altamente perecederos, pero proporcionan un placer, una alegría y una satisfacción mucho mayores que las trufas. Si tenéis ocasión, como tuve yo, de combinar amigos y trufas, os sentiréis afortunados y felices.

Tengo amigos que son mis socios en la vida. Un socio en la vida es aquella persona con la que compartes la existencia como en una verdadera sociedad: problemas, alegrías y tristezas, diversión y trabajo, lucros, dividendos y pérdidas.

Mis amigos me cuidan, como yo intento cuidar de ellos. En definitiva, somos socios en la vida.

Somos diez parejas en la franja de los 55 a los 75 años. Por uno de esos milagros de la existencia, todos siguen casados y estables, con sus proles. Ahora estamos en la fase de las bodas de los hijos y de la aparición de nietos, prueba de que hemos acertado en nuestros errores. Nuestra sociedad ha crecido, ha fructificado y ha generado dividendos.

Salimos juntos, viajamos juntos, reímos y lloramos juntos y la cocina ha sido un telón de fondo bastante constante en nuestras aventuras.

Una de nuestras actividades favoritas es el «Cine Waki». Nos reunimos una vez al mes en casa de los Waki para ver una película y después devorarla, con recetas alusivas al tema o a la nacionalidad de la obra, debidamente investigadas y preparadas por Suely, una de las más grandes cocineras que conozco.

Fue en el último Cine Waki en el que aparecieron las trufas blancas, que trajo Gustavo. ¡Gustavo siempre con sus novedades! Como en un Cine Waki en el que apareció con una bandeja de pasteles de Yokoyama, ¡todo un éxito! Volviendo a las trufas, tras el ceremonial que el rico manjar exigía, lo servimos en finísimas lonchas sobre un huevo frito en el punto exacto que, a su vez, iba servido encima de una tostada.

Se conocen 32 tipos de trufas, pero solo se comercializan 7. En realidad, para los conocedores y amantes de los *diamantes de la gastronomía* —como los llamó Brillat-Savarin— solo existen dos: la trufa negra del Périgord *(Tuber malanosporum)* y la trufa blanca de Alba *(Tuber magnatum)*. Las otras son solo «las otras»...

La trufa ya era conocida en la más remota antigüedad. Textos de hace 3.500 años se referían a los *tabarli*, hongos subterráneos, pero poco se sabe sobre su uso en la época. Alrededor del año 400 a.C. ya existe un texto de Teofrasto, sucesor de Aristóteles en la escuela peripatética, que menciona las trufas y su uso culinario. Ya Plutarco investigó el origen de estos tubérculos y llegó a la conclusión de que eran el resultado de la rara alquimia de un suelo húmedo alcanzado por un rayo.

Los romanos fueron los que notoriamente apreciaron y divulgaron el uso de las trufas, pero parece que la que consumían más era la que hoy se denomina «trufa del desierto», la *terfez (Terfezia boulden)*, una variedad menos noble, mucho más barata, hallada en Turquía, en Marruecos y en Egipto.

Apicius, el gran Apicio, en su *De re coquinaria*, proporcionaba seis recetas de *tuber*, la más famosa de las cuales era una salsa en la que se lavaba y se rallaba la trufa y luego se pasaba ligeramente por la parrilla. Luego se cocinaba con *liquamen* (una especie de *garum*, salsa elaborada con pescado fermentado), *carenum* (mosto de uvas verdes hervido hasta reducir dos tercios su volumen), pimienta, vino y miel.

Mahoma decía que las trufas (probablemente se refería a la *terfez*) eran un tipo de comida enviado por Alá al pueblo de Israel a través de Moisés y que su zumo era un buen remedio para los ojos (*Sahih Muslim*, libro 23, capítulo 27).

En la Edad Media se las consideraba maquinaciones del Demonio, una idea que perduró hasta el papado de Aviñón, región próxima al Périgord. Una vez instalados allí, algunos papas cambiaron su idea sobre las trufas.

El Renacimiento marca la reaparición de las trufas en las cocinas nobles, en un proceso que culminará con la explosión de su consumo en el siglo XVII, especialmente en Francia y en Italia. En el siglo XVIII surgen las recetas Souvaroff, es decir, aves asadas, principalmente el faisán y el pavo, rellenas de trufas. Una frase de Rossini define bien lo que fue la cocina de la época: «He llorado tres veces en mi vida: cuando fracasó mi primera ópera, cuando oí a Paganini tocar el violín y cuando cayó al agua un pavo Souvaroff durante un picnic en un barco».

Una vez situada su historia, hablemos propiamente de ellas:

Tenemos las trufas blancas, que provienen básicamente de Alba, en el Piamonte, y en pequeñísimas cantidades en la región de Istria, en Croacia. Se encuentran junto a robles, nogales y álamos. Su peso medio es de 250 g, y pueden alcanzar hasta 500 g y 12 cm. Alcanzan su madurez entre octubre y diciembre, y llegan a los 4.000 euros por kilo. El récord de precio lo obtuvo una pieza de 1,5 k, que fue vendida en 2006 por 160.000 dólares a Sir Gordon Wu, un millonario de Hong Kong.

También están las trufas negras del Périgord, que tienen un tamaño medio de 7 cm y un peso de, como máximo, 100 gr. Se encuentran junto a los robles, en los meses de diciembre a febrero. El mercado de la ciudad de Richerenches, principal abastecimiento de trufas del mundo, bulle de actividad en el mes de enero, en el que el kilo de la trufa negra llega a oscilar entre los 600 y los 800 dólares.

También son conocidas la ya citada trufa del desierto y la trufa china (*Tuber sinensis*), recogida en grandes cantidades en China y, por eso mismo muy barata y la preferida de los falsificadores de trufas, que injertan extracto de las verdaderas en las chinas para que tengan el mismo perfume.

En cuanto a qué hay de leyenda y qué de verdad sobre la recolección de trufas, la historia sobre el empleo de cerdos para encontrarlas es cierta, pero hay una explicación. Las trufas, sobre todo las blancas, exhalan un perfume que es exactamente igual al androstenol, una feromona emitida por la saliva de los cerdos macho. Por eso, para buscar trufas solo se utilizan cerdas hembra que tengan entre tres meses y un año de edad. Se conduce a los animales con un collar de ahorque que se acciona cuando encuentran la trufa para impedir que la engullan. Por ese motivo se ha empezado a entrenar a perros, para lo cual se frota extracto de trufas en las mamas de las madres cuando amamantan a los cachorros para inducirlos así a encontrar los preciados tubérculos.

Hay que recordar que hacia 1780 Francia producía 1.000 toneladas de trufas al año. Hoy en día la producción es de unas 40 a 60 toneladas al año, y cada vez son más raras.

Desde 1847 ha habido intentos de cultivar trufas: Auguste Rousseau logró una cosecha razonable plantando robles en diferentes niveles de su terreno. Sin embargo, diversos factores aleatorios, unidos a la migración rural hacia las ciudades han hecho la iniciativa poco rentable. En épocas recientes ha habido nuevas tentativas en Australia y en Carolina del Norte (EEUU) que parecen haber conseguido buenos resultado. Esperemos.

Y por último, si bien no menos importante, tenemos el aceite de trufas, opción económica para quien no puede comprar las delicias auténticas, elaborado originalmente con trufas prensadas. Sin embargo, un artículo en *The New York Times* (el 16 de mayo de 2007) revelaba que el 80% del aceite de trufas que se encuentra en el mercado norteamericano es aceite de oliva aromatizado con bis-(metiltio)-metano. Los grandes chefs afirman que, aunque sea sintético, es un buen sucedáneo.

Dejo aquí este homenaje a mis amigos, tan o más preciados e importantes que las trufas del Périgord y de Alba. Ojalá podáis, como yo lo hice, compartir muchas preciadas trufas con vuestros también preciados amigos.

ARS GRATIA ARTIS

«Cocinar es una de las artes, con la ventaja de que puede comerse...».
(Chef Marcella Hazan)

El arte y la cocina han ido de la mano a lo largo de la historia de la humanidad. Para el hombre, comer siempre ha significado supervivencia, e, igual que otros aspectos fundamentales de su vida, desde épocas prehistóricas comida y cocina han sido representadas en pinturas rupestres, óleos, esculturas, murales...

Se estima que hace tres millones de años que el hombre vive en la Tierra y, curiosamente, el uso del fuego no tendrá más de 150.000 años. Hasta el descubrimiento del fuego, el hombre deambuló por la Tierra en busca de alimentos, semillas y caza, y de este modo generó nuevas razas y nuevos pueblos. La necesidad de alimentos fue lo que llevó a la población a establecerse en determinados lugares e iniciar el cultivo organizado dando lugar así a la propiedad privada y las ciudades.

Las religiones, animistas o no, siempre tuvieron sus ritos de fertilidad ligados a la cosecha. Dioses y tótems antropomorfos garantizaban alimento y protección. Por poner un ejemplo, el gran poder de los sacerdotes mayas era la capacidad de prever cuándo plantar y cuándo cosechar el preciado maíz, base de la alimentación y de la economía de ese pueblo. Algunos dioses, como Shen Nung y Zhang Fei en China, Dionisio en Grecia, Centéotl entre los aztecas y Yum Kaa entre los mayas, existían para garantizar y ayudar al hombre a obtener comida. Otros dioses y santos estaban más específicamente ligados a la cocina, como Zao Jun en China, que era considerado el señor de los fogones, y santa Marta, patrona de los cocineros.

La relación entre hombres y dioses también se reflejó en el arte y la cocina, ya sea en las diversas manifestaciones artísticas que trataban de describir esta relación, ya sea en el bautismo de platos y preparaciones, o en las preferencias gastronómicas de cada dios. Tal vez sea la cocina de la religión afrobrasileña candomblé el mejor ejemplo de ello, pues en ella cada dios tiene sus platos preferidos y específicos.

En el período comprendido entre la Edad Media y fin del Renacimiento, todo este sincretismo estalla y la costumbre del mecenazgo llevó a artistas y cocineros —que convivía en los palacios y las cortes— a intercambiar opiniones, recetas y pensamientos estéticos. Los pintores y escultores crean obras sobre cocina y los chefs y cocineros crean platos con los que homenajeaban a artistas y obras.

El ejemplo más noble y conocido de esta fusión fue Leonardo da Vinci. En el cuestionadísimo *Codex Romanoff*, descubierto en 1981, las notas de Leonardo versan sobre recetas, modales en la mesa, inventos para mejorar la cocina, ingredientes y utensilios. La más pura verdad histórica es que Leonardo era un apasionado de la cocina; fue maestro de banquetes de Ludovico Sforza, su mecenas y protector. Incluso abrió, en asociación con Sandro Botticelli, un restaurante, sucesor de la taberna de Los tres caracoles, del cual fue chef de cocina. Ni la taberna ni el nuevo restaurante tuvieron éxito por la insistencia de Leonardo en ofrecer una comida más ligera (¡ya en aquella época!).

Leonardo también aplicó su genialidad y su creatividad en la cocina. Para la boda de Ludovico Sforza, en 1492, preparó un altar cubierto —una especie de jupá— de unos 60 metros cuadrados, hecho de mazapán, polenta y azúcar glaseado y cubierto de crema. A Leonardo solo le faltó prever el hambre de los ratones e insectos de Milán, que en la noche anterior a la boda atacaron y devoraron el altar. Asimismo, se atribuye al genio de Da Vinci el invento de la servilleta y la tapa de la sartén, tal como se lee en su *Codex Romanoff*:

> *Tras inspeccionar la mesa de mi señor al final de una comida, constato una situación desoladora que recuerda el final de una batalla. Creo haber encontrado la solución. Cada invitado deberá tener un trozo de tela propio para limpiarse las manos y los cubiertos. Una vez sucio, lo doblará para no profanar la mesa con tal suciedad. Me queda decidir qué nombre darle y cómo presentarlo.*
>
> *Cada vez que una sartén va al fuego, debe cubrirse con un paño para que el humo no se mezcle con el sabor del contenido. Me pregunto si no podría inventarse una tapa definitiva, que fuera tan indestructible como la sartén. Haré un proyecto...*

También se le atribuyó el invento de los asadores de carne, cuchillos especiales, cortadores de hortalizas, extintores de incendios y otros artefactos de cocina. Siguiendo una también cuestionable leyenda, Leonardo habría inventado y probado las recetas que aparecen sobre la mesa de su magistral *Santa Cena*, a saber: menudos de cordero a la crema, ancas de rana con verduras y anguila asada con puré de nabos.

La lectura del *Codex* es fascinante y obligatoria para cualquiera que se interese por la cocina o el arte. Aunque muchos historiadores cuestionen su veracidad, incluso como ficción es una lectura fantástica.

En el siglo XIV, por tanto antes de Leonardo, Giuseppe Arcimboldo creó una serie de cuadros de rostros con aspecto humano hechos a partir de vegetales, frutas y cereales.

Entre los siglos XIV y XV, las naturalezas muertas invadieron Europa, especialmente Holanda, donde maestros como Van Eyck y Campin destacaron en ese arte. La primera naturaleza muerta de la que se tiene noticia habría sido pintada por Zeuxis, en la Grecia antigua.

Se decía que el racimo de uvas pasas era tan perfecto que los pájaros se acercaban a picotearlo.

Se especuló mucho sobre los significados ocultos en la pintura de naturalezas muertas. Así, los cuadros con peces, típicos de La Haya, serían alusiones a la lucha entre católicos y protestantes que dominaba Europa. Otra característica interesante es la aparición de frutas del Nuevo Mundo en las pinturas a partir del siglo XVI. Escenas de cocina, como en *La cocinera* de Gerard Dou, *Escena de cocina* y *El viejo cocinero* de Velázquez, *La criada holgazana* de Nicolaes Maes, *La cocina de los ángeles* de Murillo y, más recientemente, diversas obras de Picasso y Dalí (este último con verdadera obsesión por el pan y sus significados) reflejan el interés de los artistas por la cocina, ya sea como tema, afición o como segunda ocupación.

Por otra parte, los cocineros trataron de homenajear a los artistas en sus creaciones culinarias, según los ejemplos siguientes:

Coup Melba o Melocotones Melba

Receta inventada en 1892 por Auguste Escoffier, chef de cocina del Hotel Savoy, en homenaje a la soprano australiana Elena Pôster Mitchell Armstrong, cuyo nombre artístico era Nélida Melba. Es un helado de vainilla sobre el que se colocan melocotones en almíbar y una cobertura de frambuesa. La noche de la creación de la receta, Escoffier la sirvió en una bandeja de plata maciza, dentro de un cisne esculpido en hielo.

Tarta Mozart

Mozart exigió que se hiciera una presentación de la ópera *Las bodas de Fígaro*, para el público que no podía permitirse ir al teatro. El dueño de un famoso café de Viena quedó tan conmovido por el hecho que creó una tarta para homenajearlo. Consistía en una pasta de bizcocho con sabor a chocolate, rellena de crema de chocolate y mermelada de fresas, cubierta con almíbar de chocolate y crema glaseada.

Tournedos Rossini

Según Rossini, gran compositor, excelente cocinero y poseedor de un pésimo carácter (según sus amigos), la gran ópera de la vida se dividía en cuatro actos: comer, amar, hacer la digestión y cantar.

Cierta noche, Rossini se fue con sus amigos al Café Anglais de París y de muy malas maneras pidió al maître Marcel Magny la especialidad de la casa: un medallón de filete de buey con paté. Marcel, irritado, preparó el plato en un *réchaud* (hornillo) cercano a la mesa y, para protestar contra la falta de educación, lo hizo de espaldas *(tournedos)* al cliente y cortó el medallón por la mitad, para humillarlo. El maître fue despedido y acabó abriendo su propio restaurante, en cuyo menú aparecía la receta, y el nombre *tournedo* acabó estableciéndose para uno de los cortes del filete de buey.

Pera Bella Hélène

Creada por un anónimo en 1864 e inmortalizada por Escoffier, esta receta era un homenaje a la ópera *La Bella Hélène* de Offenbach, que tuvo un éxito avasallador en París. Se trata de una pera sin piel ni semillas, cocinada en almíbar de vainilla y cubierta con almíbar caliente de chocolate.

Hay otros muchos platos de este mismo estilo, como el Dulce Chopin, inventado por su amante George Sand; el Asado Paganini, hecho con cabeza de ternera; la Copa Pavarotti, con fresas, *zabaglione*, helado de castañas y crema, y muchos, muchos otros.

La cocina y el arte, ambos dependientes de la creatividad, la concentración y la inspiración, siempre han ido y siempre irán de la mano. Son alquimias que expresan la visión que tenían y tienen los cocineros de su tiempo, y así, para nuestra felicidad y alegría, han producido verdaderas obras de arte que hipnotizan nuestros cinco sentidos.

¡Ojalá esta unión de sabores y belleza perdure en los próximos siglos!

DE EGIPTO, LA LIBERTAD
Y LA CEBOLLA, EL AJO, LOS PEPINOS...

*«Nos acordamos del pescado que comíamos de balde en Egipto;
y de los pepinos, de los melones, de las verduras, de las cebollas y
de los ajos».* (Números, 11:5)

No será la primera vez que mis lectores más asiduos ven esta cita de Números en algún artículo mío. Y es que el paso de los judíos por Egipto fue importantísimo desde el punto de vista culinario. Se incorporaron nuevos ingredientes, nuevos utensilios, nuevas técnicas de cocina, nuevas tecnologías de cultivo, cosecha y producción a la cultura enófila, gastronómica y culinaria del pueblo judío.

Entre las contribuciones más destacadas, se encuentran el proceso de fermentación acelerada del pan y la cerveza, el horno y los ingredientes arriba citados, además de formas más racionales y productivas de cultivo y cosecha.

En términos de rigor histórico, no ha podido determinarse la fecha exacta del asentamiento de los judíos en Egipto, es decir, el momento en el que las tribus representadas por los hermanos de José emprendieron el viaje de ida. Según algunos historiadores, este período podría situarse entre el 1600 a.C. y el 1550 a.C., y por eso es difícil saber qué faraón fue el que nombró consejero-ministro a José. Sí que parece bastante seguro que quien convirtió a los judíos en esclavos fue Ramsés II, que reinó de 1279 a 1212 a.C. Faraón glorificado de la XIX dinastía, considerado uno de los líderes más importantes de los tres reinos egipcios, Ramsés también fue un gran constructor, y entre sus obras se encuentran los templos de Abu Simbel y la finalización de los templos de Luxor y Karnak. Ya sabemos qué mano de obra utilizó para hacerlo.

También se da por sentado que el Éxodo ocurrió durante el reinado de Merenptah, nieto de Ramsés II, unos 90 años después del inicio de la esclavitud. Así pues, se estima que los judíos pasaron entre 300 y 400 años en Egipto, 90 de ellos como esclavos.

Una vez acotado el período temporal, adentrémonos en lo que nuestros antepasados descubrieron desde el punto de vista culinario. Empecemos por lo que cultivaban: la base de la alimentación eran verduras, legumbres y fruta. Los cereales, que existían en cantidades razonables, se distribuían sobre todo entre la población general, mientras que la fruta y las hojas frescas estaban reservadas a los estratos superiores. De hecho, algunas frutas solo podían obtenerse de árboles cultivados dentro de los mismos templos, para garantizar así su exclusividad.

En los jardines de los palacios y las residencias convivían arbustos florales con árboles frutales y hortalizas, siempre dispuestos alrededor de un estanque central que, además de contener peces (comestibles y decorativos) y desempeñar una función ornamental, servía para regar el jardín. Alrededor del estanque solía haber un enrejado con una parra y, fuera del enrejado, se alzaban pequeños árboles, hierbas, arbustos y algunas hortalizas. En un tercer perímetro, matas de papiro, palmeras y datileras.

Todos los palacios o casas tenían un equipo de aplicados hortelanos: «Por las mañanas cargaban una tinaja de agua enrollada con una tela para regar las verduras y las vides; a mediodía, las palmeras, y por la tarde, los pepinos» (versos de la época). Se les reconocía por el callo que se les formaba en el pescuezo por culpa del peso y del roce de la tela. Otra de sus obligaciones consistía en correr por los jardines esparciendo migas de pan para dar de comer a los pájaros cuando la fruta estaba madurando, eso sí, sin hacer ruido ni molestar a nadie.

Se cree que las frutas conocidas desde la primera dinastía eran el dátil (oriundo de Egipto), el higo y la uva.

En las escenas de los monumentos funerarios se observa que los dátiles frescos se utilizaban desde hacía tiempo, y también secos y en jarabe, como edulcorante, tras someterlos a largos tiempos de cocción.

En cuanto al higo, de origen asiático —según confirman excavaciones, este fruto existe en Asia ya en el año 5000 a.C.—, llegó a Egipto por Siria y se solía consumir seco, fresco y, para aplicaciones medicinales, asado.

La uva debió de introducirse en Egipto al mismo tiempo que el higo y se consumía preferentemente como uva pasa o en forma de vino. Rara vez se comía fresca.

Durante el Imperio Medio y el Imperio Nuevo, aparecieron frutas nuevas: la granada, cuyo jarabe y semillas adquirieron un importante papel en la gastronomía de Oriente Medio; el melón, cuyas pepitas asadas hacían las delicias de los egipcios; la sandía; la manzana, que no despertó gran entusiasmo; y otras menos conocidas como la algarroba, una especie de judía que, una vez seca, tiene un sabor similar al chocolate; el sicono, parecido al higo pero rojo; la persea, de la que solo sabemos que se hacía una harina; y la chufa, con cuyos rizomas se preparaban —y aún se preparan— dulces excelentes en Egipto y en España.

Y ahora, un extra especial. Aquí va una receta de cinco mil años de antigüedad:

DE EGIPTO, LA LIBERTAD Y LA CEBOLLA, EL AJO, LOS PEPINOS

PARA ALIVIAR DOLORES CORPORALES

2 HIGOS ASADOS

2 CUCHARAS SOPERAS DE UVAS PASAS

ACEITE DE COCO

- Sumergir los higos y un puñado de uvas pasas en el aceite de coco hasta que se ablanden.
- Pasarlo todo por el mortero hasta convertirlo en una pasta, que debe ser ingerida por quien sufre dolores corporales.[1]

En el campo de las verduras y hortalizas, la lista es mucho más larga.

Como bien dice el pasaje de Números, desde entonces y hasta la actualidad, la base de la gastronomía egipcia son el ajo y la cebolla. En numerosas escenas representadas en monumentos funerarios y objetos artesanales cotidianos se muestra cómo la población de todos los reinos de Egipto sembraba, cosechaba, utilizaba y consumía estos dos ingredientes. Según parece, la cebolla era más habitual en los estratos sociales más bajos y se tomaba casi siempre cruda como acompañamiento. Según narra Heródoto, en una de las pirámides que visitó en Egipto leyó en una inscripción de la pared que se habían destinado 1.600 talentos de plata (¡54 toneladas y media!) a la compra de cebollas y rábanos para los operarios de la obra.

Muy similar a la cebolla, el puerro también se consumía mucho y, de hecho, resulta difícil distinguirlos en la iconografía conocida.

Pepinos, rábanos y apios eran bastante habituales también, crudos, cocidos o en salmuera.

Apicio afirma en su libro que la calabaza se consumía mucho en Egipto, pero no existe ningún registro en la iconografía descubierta en monumentos prerromanos.

---

1   Thierry Bardinet, *Les Papyrus Médicaux de l'Égypte Pharaonique* (París: Fayard, 1995).

En cuanto a la lechuga, se consumía de muchos tipos; el más conocido, hasta el día de hoy, era la *mulukhiyah (Corchorus olitorius)*, con la que se prepara un cocido dulce típico de Egipto y otro salado típico de Líbano, que resulta muy sabroso.

En el área de las legumbres, las habas *(ful)* siguen formando parte de la vida cotidiana sefardí. En la actualidad se sabe que lo que llamamos *ful medames*, el plato de habas más clásico, se conocía como *metmes* en la dinastía XVII.

El garbanzo, otro viejo amigo de la gastronomía egipcia, recibía el nombre de *her bik* (pico de halcón) en el Imperio Medio, y su principal receta, el hummus, es muy antigua.

Los guisantes y las lentejas se utilizan desde la dinastía III, y precisamente de aquella época data una receta de hummus de lentejas.

Un dato que desconoce la mayoría de la gente es que el altramuz también se consumía ya en el Antiguo Egipto. Se preparaba con el método de irlo hirviendo y rompiendo el hervor con agua fría varias veces para eliminar su sabor amargo.

En cuanto a las especias, los descubrimientos arqueológicos demuestran que se difundían y se utilizaban en grandes cantidades, pero no se especifica cómo. Muy probablemente sus principales aplicaciones eran médicas y esotéricas, no culinarias.

No obstante, se encontraron semillas de comino en algunas tumbas, así como canela, conocida como *ta shepes* (la especia noble); la pimienta negra, que se usaba en los ungüentos de los embalsamadores; el hinojo; el anís; la mostaza; el cilantro; el sésamo y, posiblemente, el perejil y la albahaca.

Los egipcios consumían mucha carne roja y de ave. Según parece, los más habituales eran cerdos y cabras domésticos, y el faraón y el clero poseían vastas haciendas con ganado. La carne bovina era la más apreciada y de más difícil acceso para la población general, que solo podía obtenerla cuando, tras los sacrificios —prácticamente diarios— se repartían las sobras.

Había también carnicerías que vendían carne de cordero, cabra y cerdo con cortes muy similares a los que se realizan en Europa hoy en día.

Existían normas fijas y estrictas respecto a la matanza, y la sangre, por ejemplo, se recogía y se utilizaba para aplicaciones medicinales y culinarias.

No solamente se cazaban animales con fines alimenticios; también para domesticarlos y consumirlos más adelante. Se cazaban gacelas, cabras salvajes, órix, liebres, puercoespines e incluso hienas. En la tumba de Mereruka se encontró una escena de dos esclavos dando de comer a una hiena (cebándola a la fuerza a base de pequeñas bolas de verduras mezcladas con grasa).

Los gansos y los patos eran las aves más consumidas. Algunas ciudades llegaron a tener granjas con más de 10.000 aves. La gallina llegó a Egipto probablemente en el período romano y fue muy apreciada y consumida.

El palomo se consideraba un manjar (sigue siéndolo en la gastronomía de Oriente Medio). Se cazaba con redes y también se criaba en palomares enormes, cercanos a algunos templos. También se consumían garzas, codornices y perdices, junto con aves acuáticas que aparecían con las crecidas del Nilo.

En cuanto a los métodos de cocción, el hábito de ofrecer sacrificios impuso el asado sobre el fuego como forma más popular de preparar las carnes y las aves. No obstante, también se hervían y, en ocasiones muy especiales, se asaban al horno.

Las casas más adineradas contaban, en un local externo, con una especie de hornacina para preparar la carne, que constaba de una parrilla y un pequeño fogón de leña, supuestamente para sacrificar, cortar y asar la carne.

Era muy habitual conservar la carne en salmuera, especias o grasa. Un método específico de conservación descrito en la tumba de Antefoker, de la dinastía XII, muestra la carne cortada en tiras de forma triangular, y colgada en varas. Resulta curioso que los indios de América del Norte utilicen el mismo corte triangular para su carne curada, a la que llaman *biltong*; y también lo hacen algunas tribus de Nigeria, que la llaman *kilishi*.

Casi todos los pueblos tienen su sistema de curar la carne, siempre en tiras o fileteada (aquí en Brasil tenemos la *carne-de-sol* o la *carne seca*), pero las finas lonchas triangulares son muy poco frecuentes.

En algunas pinturas aparecen métodos muy similares al confit para la conserva de aves, es decir, las conservaban en grasa, aunque siempre se había pensado que este método había aparecido en la Edad Media.

También se consumían leche y huevos. La leche se usaba para hacer quesos y una mantequilla clarificada llamada *smen* (que resistía mejor el calor, como la mantequilla líquida brasileña, o el *ghee* indio), que raramente utilizaban para cocinar. En cuanto a los huevos, solo se usaban los de gansa o de pata; los estratos superiores también consumían huevos de avestruz (las cáscaras de estos se empleaban como recipientes).

La pesca era una actividad de ocio para la clase dominante, mientras que para las clases inferiores era una forma de complementar su alimentación. El faraón tenía barcos pesqueros, con un sistema de redes muy organizado que permitía pescar en cantidades industriales. Los pescados preferidos eran las carpas, las percas y las tilapias (que hoy en día reciben el pomposo nombre de pez de San Pedro. El mújol, aunque es un pez marino, remontaba esporádicamente el Nilo y era muy apreciado, en especial sus huevas, con las que se preparaban manjares faraónicos tales como la *poutargue* (se retiraban las huevas de las bolsas y se ponían a secar durante 30 minutos entre dos tablillas y después sobre una bandeja de cañizo para completar el secado a la sombra). Las huevas de mújol secadas pueden encontrarse ahora en tiendas selectas de alimentación de Francia, España, Italia y Egipto, y su evolución contemporánea es la *bottarga* italiana.

Fresco o seco, el pescado llegó a ser el alimento más consumido durante la construcción de Tebas, después del pan y de los cereales (según se registra en la meticulosa contabilidad de los oficiales del faraón).

Heródoto describió su método de conservación denominado *fesikh*: en recipientes de barro, se colocaban capas alternas de pescado y de sal gorda, y a continuación se prensaban. Al cabo de 10 días, el pescado estaba listo para el consumo. El *fesikh* se sigue preparando hoy en Egipto.

Apicio, el gran cocinero romano y uno de los padres de la gastronomía, visitó Egipto alrededor del siglo I d.C. y en su libro *De re coquinaria*, que ha llegado hasta nuestros días, incluye cinco recetas egipcias, tres de las cuales eran de pescado.

Antes de hablar del pan, de la cerveza y del vino, debemos hacer un paréntesis especial para tratar sobre la fermentación.

Hasta mediados del siglo XX, en Egipto se fabricaba un tipo de cerveza llamado *buza*, cuyo sistema de fabricación se remontaba a la época de los faraones. La cerveza, muy consumida, se fabricaba a partir de la fermentación no solo de la cebada, sino también de algunas frutas. Por ejemplo, del dátil se fabricaba una cerveza llamada *seremet*; la *heneket*, que debía de ser la más popular, se elaboraba a partir de una combinación de diversas frutas; y también estaba la *desheret*, consumida por la élite y cuya composición desconocemos. En cualquier caso, según apuntan los documentos hallados, los egipcios elevaron los procesos de malteado, fermentación y filtrado a la categoría de arte, y consiguieron excelentes cervezas.

Hablando de bebidas, vemos que la producción de vino no era muy diferente de la que se practicaba en Canaán. El cultivo de la uva y la producción de vino datan aproximadamente del 3500 a.C. y la cosecha de la uva, corría a cargo de hortelanos, no de esclavos, bajo la dirección de un supervisor y siempre se hacía racimo a racimo. En grupos de seis, los operarios pisaban la uva en cubas de piedra y, para no chocar entre ellos, con la mano derecha sujetaban una vara por encima del hombro y con la izquierda rodeaban la cintura del trabajador de al lado. La uva pisada, con piel y rabo, se pasaba a un saco de lino enorme que tenía dos asas. A través de ellas se pasaban unas varas y se retorcía el saco para exprimir la uva y extraer el zumo, que iba cayendo en una cuba. Al final del proceso, un operario hacía una auténtica acrobacia: cuando las dos varas se apoyaban en el suelo, él abría al máximo los brazos y las piernas entre las varas, que los demás presionaban para distenderlas al máximo. A continuación, el zumo se distribuía en ánforas y se dejaba fermentar.

Con el tiempo, fueron surgiendo algunos tipos de vino como el *paour*, de mala calidad, semejante al *mistelle* brasileño; el *nedjem*, un vino dulce, con miel o una pasta de dátiles cocidos; el *shedeh*, parecido al *mevushal* judío, un vino que se hervía (a veces con hierbas) para aumentar su graduación alcohólica y modificar su sabor. Cabe recordar que las últimas dinastías importaban mucho vino de Canaán.

La panadería egipcia fue emblemática. La producción de trigo era la principal actividad agrícola del reino y la base de la economía y del sistema tributario.

Cuando se cosechaba el grano, se apartaba la parte del Estado (impuestos), y el resto era almacenado en silos (los más grandes se encontraban en los templos), donde se separaba el trigo de la cebada y lo que era para cerveza y lo que era para pan. Se estima que el 65% de la producción era para pan. Las casas particulares también tenían sus propios silos.

Los molinos donde se convertía el grano en harina eran monopolio del Estado o de los templos, y con la harina se elaboraban hasta 400 recetas distintas de pan o dulces conocidos (o que han llegado a nuestros días) en hornos colectivos o caseros.

Las pinturas halladas en tumbas y monumentos funerarios describen con increíble precisión todas las fases del proceso, desde el trillado de la espiga de trigo hasta la mejor manera de cortar el pan.

La profesión de panadero era honorable y gozaba de gran reconocimiento social, no tanto por el pan sino principalmente por los dulces: la habilidad de dar formas (símbolos, animales, figuras, etc.) a los panes y los pasteles era una de las características más destacadas de la profesión.

Para terminar, me gustaría contaros una historia del *Midrash*, que, aunque no está relacionada con la cocina, sí lo está con Egipto. Durante mi investigación, me topé con la linda historia de Dina y sus hijos, y la encontré tan fascinante que he decidido compartirla con vosotros. Si alguien ya la conoce, ruego que me disculpe. Si no, prestad atención a este bello ejemplo de justicia.

Un día, Dina, hija de Lía y hermanastra de José, salió a pasear y fue violada por Siquem, el heveo.

En un primer momento, Dina fue recriminada por su pueblo, y Siquem se presentó a Jacob para esposarse con Dina y someterse al castigo por su error. Los hijos de Jacob exigieron, para autorizar el casamiento, que Siquem y todos los hombres de su tribu se circuncidaran. Así lo hicieron, y al tercer día, cuando los hombres estaban «retorciéndose de dolor», los hijos de Jacob (los mismos que vendieron a José a los mercaderes) invadieron la aldea y mataron a todos los hombres; y se llevaron a la hermana a casa. Jacob se quedó sin palabras ante la actitud de los hijos, y Dina fue deshonrada por segunda vez.

Una noche, el arcángel Miguel raptó a Asenat, la hija de Dina, y al llegar a Egipto la llevó a casa de Potifar, donde fue criada como hija de egipcios y donde ya adulta se casó, por orden del faraón, con José, con quien tuvo dos hijos: Efraín y Manasés.

Obviamente, ninguno de los implicados sabía la historia, excepto Jacob, que en su lecho de muerte llamó a José y a los nietos y los bendijo. Esta es la bendición que los judíos dan a sus hijos todos los sábados en el sabbat.

De este modo, Dina dejó atrás su doble deshonra y su descendencia es ahora recordada por todos los judíos del mundo, todos los sábados, para siempre. De la deshonra total a la honra eterna.

DIARIO DE VIAJE: AVENTURAS MEXICANAS, DIOSAS Y CHILES

Tengo dos amigos que corren el serio peligro de hacerse ricos un día de estos. Son Rodrigo y Luiz. Cada uno a su manera, más tarde o más temprano, escogerán el camino adecuado, porque ellos no son de los que dejan que la vida les cambie el destino; son más bien ellos los que cambian la vida.

Rodrigo es editor, como yo, y crea proyectos muy diferentes a lo que estamos habituados. Luiz es ejecutivo en una gran multinacional y fue enviado a México a resolver unos asuntos por allí.

La escena era la siguiente: estábamos en el apartamento de Luiz, en un bonito barrio de Ciudad de México, y yo había preparado un bacalao fresco a la portuguesa delicioso —sin ninguna modestia—, con una receta del inmortal Dugléré del siglo XIX. La conversación acabó derivando en los chiles mexicanos, que a mí me encantan y que mis amigos no soportan. Los mexicanos utilizan un chile para cada salsa y para cada plato. Desde el café de la mañana hasta la cena, todo tiene su sabor picante.

No es de extrañar, si tenemos en cuenta que el consumo de estos deliciosos pimientos data de más de seis mil años y está vinculado con la religión y la cultura de los antiguos pueblos de la región.

Los cazadores y los nómadas utilizaban el chile para conservar la carne de caza durante los desplazamientos; y curiosamente acabaron por diseminar las semillas y las diversas especies de chile en esas caminatas. En las excavaciones de Coxcatlán se hallaron semillas de chile ancho (es el nombre del chile poblano cuando está seco) de 6900 a 5000 a.C.

La fuerza del chile está vinculada a su origen de leyenda: la sangre. Existe una historia recurrente entre los antiguos pueblos prehispánicos que cuenta la historia del Niño Maíz, un niño que intenta resucitar a su padre muerto en combate contra una tribu enemiga. Al no conseguirlo, pues iba en contra de la voluntad divina, el niño desaparece del mundo de los vivos, y los dioses le dejan un regalo a su madre para compensarla: la primera espiga de maíz y dos gotas de la sangre del niño; de una nació el tomate, y de la otra, el chile.

Según otra leyenda poshispánica más moderna, de los pueblos tzotzil y ñhañú, cuando Cristo estaba siendo perseguido por los judíos, uno de ellos le pinchó con una lanza. De la gota de sangre que cayó al suelo brotaron las matas de chile, y por eso pican.

Según los olmecas, en el inframundo, donde todo es al revés y las comidas son putrefactas y hediondas, se utilizan escarabajos en lugar de chiles para condimentar la comida. Curiosamente, en el mercado de Taxco encontré *chumiles*, chinches que se comen vivos. Se les arranca la cabeza y se sorbe el contenido, mucho más picante que el chile.

La pimienta ya se utilizaba en la cultura azteca, pero como arma. Se rellenaban calabazas con chiles habaneros y un poco de agua y así los chiles empezaban a fermentar. Cuando se lanzaban contra los enemigos liberaban gases que impedían la respiración casi por completo. Aún hoy en día algunas tribus panameñas colocan racimos de pimienta en la proa de las canoas para espantar a los tiburones. En su primer enfrentamiento contra los indígenas, Pizarro acabó rindiéndose por el humo de unas hogueras gigantes de chile rocoto, tan fuerte que se decía que podía hacer levantar a los muertos.

Los ritos de iniciación de la mayoría de los pueblos mayas incluían una ceremonia en la que los jóvenes guerreros tenían que aspirar el humo de chiles quemados en grandes hogueras.

La diosa Tlatlauhqui Cihuatl Ichilcintli, la respetable señora del chile rojo, se encargaba de que todas las plantas de chile florecieran y estuvieran a disposición del pueblo; castigaba a los evasores fiscales (pues los impuestos se pagaban en fardos de chile) y concedía favores a los que plantaban chiles. A pesar de ser hermana de Tláloc, el dios de las aguas, la gente le rezaba a ella para que intercediera ante el hermano y lloviera en los momentos adecuados. Tal vez la asociación del chile con el agua no sea mera casualidad, ya que las plantas y los frutos del chile necesitan mucha agua para crecer.

A mediados del siglo XVII los zapotecas crearon un semidiós, Losio, que era el guardián de las semillas de chile e intercedía por los mortales ante la diosa. Como es de esperar, sus ofrendas siempre consistían en semillas de los mejores chiles de la cosecha.

Por su parte, los caltzontzin, poderosos gobernantes del pueblo purépecha (que aún existe, al igual que su lengua y tradiciones milenarias), tenían en sus palacios más de cien mujeres a su servicio, entre ellas Yyamati, la semidiosa de las salsas. Escogida entre las más bellas, Yyamati estaba encargada de cuidar de los chiles y de preparar en su molcajete (*xumatakua* en purépecha) los moles (salsas, o *angonauka* en purépecha) y servírselos a su dueño vestida con bellos atuendos o con los senos desnudos.

Esta historia nos lleva al molcajete, el mortero, principal utensilio de cocina de la cocina maya. Hecho de piedra volcánica (basalto), era un instrumento multiuso empleado en toda la cocina maya: en él se molía, se trituraba, se cocía y se asaba. Su nombre procede del *náhuatl* (lengua azteca): *molli* (salsa) y *caxtli* (cuenco), y el pilón o tejolote viene de *tetl* (piedra) y *xolotl* (muñeco). Se han encontrado molcajetes de 4.500 años de antigüedad en Oaxaca, pero probablemente ya se utilizaban antes.

Las personas que lo han utilizado alguna vez confirman su increíble eficacia y versatilidad.

Volviendo al chile, la magistral *Historia general de las cosas de Nueva España* de fray Bernardino de Sahagún cita este alimento en diversos puntos. Sahagún fue para los mexicanos lo que Anchieta fue para Brasil y escribió durante treinta años, a mediados del siglo XVI, los 12 volúmenes de la citada obra, que no fue publicada por motivos políticos. Casi todo lo que se conoce de los pueblos prehispánicos se debe a sus estudios. Sahagún describe distintos tipos de chile y los acompaña de recetas, así como medicamentos hechos con pimienta, principalmente para el estómago y la boca.

Según el mismo autor, los señores de Tenochtitlan, la gran capital del imperio mexica que más tarde dio origen a Ciudad de México, cobraban los tributos en chile —de 400 a 800 fardos, dependiendo de la región— y los artistas que decoraban la capital cobraban también en chiles.

Cuando Cristóbal Colón llegó y probó el chile, como creía que estaba en la India, lo llamó «pimienta de la India», porque su ardor era similar a la pimenta, que él ya conocía. Por cierto, en Brasil la pimienta es conocida como pimienta del reino, refiriéndose al reino de Portugal. En cualquier caso, debido a la confusión de Colón, ese nombre quedó acuñado para casi todas las lenguas. Los mexicanos conservaron el nombre original y algunos países de Latinoamérica lo bautizaron como *ají*.

Aunque México es uno de los mayores consumidores de chile, no se encuentra entre los mayores productores, que son la India y China. La pimienta malagueta o chile llegó a estos países de la mano de los portugueses en el siglo XVI y desde entonces se incorporaron a sus menús y recetarios para siempre.

Casi todos los chiles de México son de la especie *Capsicum annum*, mientras que en Brasil la mayoría son de la especie *Capsicum chinense* o *frutescens*. Curiosamente, el más picante de los chiles mexicanos, el habanero, es uno de los dos únicos chiles de variedad *chinense* y todo apunta a que llegó antiguamente desde Brasil, por el Caribe. En Brasil se conoce como habanero *cumari*, nuestro delicioso y antiguo *cumari*.

En cuanto a las pimientas más fuertes que se conocen en el mundo están la *dorset naga* y la *jolokia* de la India, que son también de la especie *chinense*. Para hacerse una idea de lo picantes que son, el científico Scoville estableció una escala de grados de picante. Según esta escala, la capsaicina pura, ingrediente activo de los picantes, equivale a 16 millones de unidades; el *habanero*, a 325.000; el *cumari*, a 250.000; la pimienta *dedo-de-moça*, a 2.500; la *dorset naga*, a 960.000, ¡y la *jolokia*, a 1.100.000! Comerla sería como tocar con la lengua un cigarrillo encendido.

LA GALLINA, LA AUTÉNTICA AVE DEL PARAÍSO

«Una vieja yiddish tenía dos gallinas. Una de ellas cayó enferma. La buena señora hizo un iuj *con la otra gallina para salvar a la enferma...»*
(Henny Youngman, cómico norteamericano, 1906-1998)

¿Qué harían las mamás yiddish sin *iuj*? ¿Y qué sería el *iuj* sin gallina?

Los judíos conocieron la gallina durante el cautiverio en Egipto. No se menciona el noble animal en ningún libro del Antiguo Testamento, y en el Nuevo Testamento tampoco se encuentran muchas referencias; de hecho, se encuentran más referencias a gallos que a gallinas.

En su estado salvaje la gallina es originaria de la India, si bien la fecha de su aparición es un tema controvertido entre los historiadores. Según los indicios más antiguos, el primer contacto de la gallina con los humanos fue hacia el 6000 a.C., probablemente en la península malaya.

Su domesticación está mejor documentada y se sitúa alrededor del 3000 a.C. Ya se criaban en Sumeria y Babilonia. La palabra que designaba al gallo significaba «ave reina».

Curiosamente, en las pinturas rupestres chinas del 3000 a.C., se observan gallinas que conviven con personas, pero según estudios más recientes la gallina fue introducida en China, ya domesticada, por comerciantes hindúes o malayos.

Durante la dinastía II, los egipcios ya habían desarrollado granjas para acoger hasta 10.000 aves y contaban con un sistema bastante organizado de producción de huevos y carne.

Traídas de Oriente, las gallinas llegaron a Grecia alrededor del 600 a.C. y más tarde a Roma, de donde las tomaron los celtas alrededor del 100 a.C. De ahí se extendieron por todo el mundo.

No podemos olvidar un fragmento interesantísimo de la carta de Caminha, donde se narraba que cuando los indios vieron por primera vez las gallinas tuvieron miedo de acercarse a aquellas extrañas aves.

La gallina se convirtió en uno de los alimentos más consumidos por el hombre. En Brasil, el tercer productor y primer exportador mundial, se consumieron 4,5 billones de aves en 2009, lo que equivale a 10,3 millones de toneladas.

Cabe destacar que Brasil, Estados Unidos y China son responsables de más de la mitad de la producción mundial. Sin embargo, a pesar de ser un gran productor, Brasil no es el que más consume: 29,9 kilos/habitante/año, frente a 57,3 kilos en Hong Kong, 49,6 en Estados Unidos, 41,2 en Kuwait, 41,1 en los Emiratos Árabes y –atención al dato–, 0,7 kilos/habitante/año en la India.

Con todo, lo que más nos interesa es la participación de la gallina en la gastronomía, y veremos que es realmente intensa. Circulan muchas recetas clásicas de gallina por el mundo, ya sea con la carne o con los huevos. Pollo a la Kiev, gallina a la King, *coq au vin*, *chicken curry*, pollo a la cazadora, *fried chicken*, *frango à passarinho*, *suprême* de pollo, la típica *galinha de cabidela* brasileña (que es con la que se elabora el «caldo de gallina» y que curiosamente en Portugal se llama *galinha de pica no chão*), muslitos de pollo, empanada de pollo y muchas otras recetas perviven en las mesas de todos los países del mundo.

Otro tanto pasa con los huevos: en tortillas o *pochés*, en suflés o suspiros de azúcar, la inmortal mayonesa, los tradicionales huevos con jamón que dieron pie a una lección de administración (la gallina participa, el cerdo está comprometido), además de que se utiliza como ingrediente indispensable en masas, panes, empanadas, repostería, etc.

En cuanto a la repostería, una curiosidad son los dulces de los conventos portugueses que llevan cantidades desproporcionadas de yemas. Esto se debe a que las monjas necesitaban utilizar grandes cantidades de claras para almidonar sus hábitos, manteles, etc., y acababan sobrando todas las yemas, que utilizaban en la repostería.

De especial interés para los judíos es el caldo de gallina, o *iuj* o *goldene iuj* o, para simplificar, *gildene*.

«Penicilina judía», «caldo curatodo», «caldo dorado» y tantas otras maneras de referirse a una misma receta que para muchos representa el aroma y el sabor del sabbat o de los días festivos. Con *mondelej* (que mi abuela amasaba hasta conseguir una masa finísima y después cortaba con el dedal, uno a uno), con *kneidalej* o con *krepalej* y el caldo de los dioses: suave, aromático y sabroso. No puedo ver un plato de *iuj* sin acordarme de mis dos abuelas y de lo bien que lo cocinaban.

Ahora paso a comentar algunos descubrimientos sobre el *iuj* y la gallina:

- Se recomienda utilizar una gallina entera. El colágeno de las articulaciones de la gallina confiere un sabor especial al caldo, que se pierde si se trocea la carne.
- Las gallinas viejas tienen más tejido conjuntivo y por eso se hace mejor caldo con ellas, así que el dicho de «gallina vieja hace buen caldo» es cierto.
- A pesar de tener reputación de carne insípida, la gallina tiene afamados defensores. Don Pedro II llegaba a tomar caldo para comer y para cenar, prescindiendo de otros platos. De hecho

fue memorable el momento en el que se fue del baile de la Ilha Fiscal sin cenar para ir a degustar su apreciado caldo en palacio.
- Durante la presidencia de Carter, el *fried chicken* (pollo frito) al estilo sureño era plato obligado en la Casa Blanca como mínimo dos veces por semana.

Como homenaje a esta historia gallinácea, aquí dejo una buena receta de *iuj*:

Goldene iuj

1 GALLINA GRANDE

2 CEBOLLAS

4 CLAVOS

2 ZANAHORIAS

2 RAMITAS DE APIO

1 PUERRO

1 HUEVO

SAL

- En una olla grande colocar la gallina bien lavada, las cebollas peladas y con los clavos clavados en ellas, y añadir de 2,5 a 3 litros de agua fría.
- Dejar que hierva todo durante una hora, espumándolo de vez en cuando para que el caldo no se oscurezca demasiado.
- A continuación, introducir el resto de ingredientes menos el huevo. Dejarlo hervir una hora más. Rectificar de sal.
- Romper el huevo en la olla, removiéndolo con la cáscara en el caldo. Dejar la mezcla en la olla durante 5 minutos y colar todo en un colador forrado con un paño.

EL INCREÍBLE VUELO DEL MIRLO

Si os laváis los dientes todos los días, apreciáis los espárragos, os gusta empezar las comidas con una sopa y terminarlas con una sobremesa, o apreciais un buen vino servido en finas copas de cristal, debéis saber que todo eso se lo debéis a uno de los mejores músicos de la historia.

Su nombre era Abú al-Hasan Alí ibn Nafi, pero se hizo famoso con el nombre de Ziryab, es decir: el mirlo. Nació en Bagdad en el año 789, como esclavo, y se dio a conocer en la corte del gran Harún al-Rashid, donde ya libre se ganó una buena reputación como músico. De ahí su apodo, Mirlo, por su piel oscura y su voz maravillosa. Inició su carrera como alumno del director de los músicos de la corte, Ishak de Mosul. Ishak, su padre Ibrahim, aún más famoso si cabe, y el mismo Ziryab son considerados los padres de la música árabe.

Con el tiempo, el aprendiz superó al maestro y esta diferencia se acabó poniendo de manifiesto en un acto de presentación del gran califa: Ziryab se negó a tocar el *ud* del maestro porque quería el suyo, construido por él mismo.

El *ud*, un ancestral instrumento de cuerda que también recibía el nombre de *al oud*, palo de aloe o laúd, fue el primero de los instrumentos populares que se extendió por Europa desde España. En inglés y en francés el nombre era *lute*, del cual se originó *luthier* (constructor de instrumentos). Estaba formado por cuatro pares de cuerdas que se correspondían con los cuatro humores del cuerpo humano: un par era de color amarillo, como la bilis; otro par era rojo, la sangre; otro par era blanco, la mucosidad; y otro par, negro, las llamadas *cuerdas graves* vinculadas a la melancolía.

Ziryab reinventó el instrumento fabricándolo con una madera más ligera y añadiendo un quinto par de cuerdas también rojas entre el segundo y el tercer par. Además, lo tocaba con una pluma de águila, muy flexible.

El resultado fue que Mawsili lo llamó después del acto y le dio dos opciones: aceptar una suma importante de dinero y no volver a aparecer ni a ser oído en Bagdad, o quedarse allí y ser perseguido «con todas mis fuerzas y mi dinero hasta la muerte».

Ziryab no se lo pensó mucho: aceptó el dinero y escribió al califa de Córdoba, Alhakén I, para ofrecerle sus servicios. El reinado de Al-Andalus estaba en pleno florecimiento y transformación en medio del mundo árabe. La capital, Córdoba, iba a disputarse ese puesto precisamente con Bagdad.

En su viaje pasó por Egipto y Siria, y en Kairuán (en Tunez) fue músico de la corte durante un breve período de tiempo. Al llegar a Córdoba fue sorprendido por la noticia de la muerte de Alhakén, y no sabía si el nuevo califa Abderramán II le ofrecería un empleo o no.

El caso es que el gran músico judío Abu Nasr Mansur ya conocía la fama de Ziryab y lo recomendó al nuevo califa, que acabó aceptándolo como músico oficial de la corte con un salario de 200 monedas de oro al mes, una paga extra de 500 monedas de oro durante el verano y otras 1.000 por cada una de las dos grandes fiestas del Islam, así como 200 *bushels* de cebada (unos 27 kilos) y 100 *bushels* de trigo al año; sin olvidar, claro está, un modesto palacio en Córdoba y dos casas de campo con plantaciones para su sustento.

La intención de Abderramán era crear un nuevo foco cultural en Córdoba y competir con los poderosos abásidas de Bagdad.

Lo primero que hizo Ziryab fue crear una escuela de música que aceptaba alumnos tanto de la clase dominante como del pueblo llano, animando a los alumnos a experimentar con músicas e instrumentos nuevos.

La *nuba* —o *nauba* o *nouba*— fue creada por Ziryab en esa escuela y ha sobrevivido hasta hoy como un ritmo andaluz que emigró hacia el norte de África. También se la conoce como *andalusí* en los países árabes o como *malfuf* en Libia y Marruecos, donde uno de sus intérpretes más famosos fue un *chazan* (cantor judío), el rabino David Bouzaglo. Por desgracia solo existe una grabación de Bouzaglo, que data de 1957, la de «Yigdal Shem há-El» (cuya traducción es «El nombre de Di-s se hará grande»). Hasta aquel momento rechazaba las grabaciones por motivos religiosos.

Ziryab se convirtió en una especie de «ministro de cultura» del califato y sus acciones tuvieron repercusión en todas las áreas, especialmente en los hábitos alimentarios.

Antes de la llegada de nuestro músico, la alimentación en España era una mezcla inmensa de ingredientes buenísimos, servidos de cualquier forma y mezclados sin criterio. Todavía imperaban los hábitos heredados de los visigodos y los vándalos: se amontonaba la comida sobre las mesas sin mantel.

Ziryab empezó catalogando los ingredientes y las recetas locales en este orden: verduras, carnes, pescados, caza, quesos, sopas y dulces. Estudió cómo se usaban y cuándo estaban disponibles, y los combinó con las recetas y el conocimiento culinario de Bagdad.

El resultado fue fantástico: el espárrago, que crecía salvaje en la región, empezó a ser frecuente en las mesas y se convirtió en el manjar que hoy conocemos. Aunque los romanos ya lo cultivaban, las invasiones bárbaras habían impedido su difusión y acabó reapareciendo en Andalucía.

Las frituras cobraron más fama que los asados y algunas de las recetas eran del propio maestro, como las *taqliyat ziryab*, unas albóndigas fritas en aceite de cilantro con pedacitos de masa frita. Además, cabe mencionar el *ziriabi*, un plato de habas asadas con sal gorda.

A él se le atribuye también una de las múltiples versiones de *zalabia* que, como los actuales buñuelos, consistía en masa frita servida con algún jarabe dulce. En este caso la masa era muy fina, como la de un *biju*, y se cubría de almíbar de naranja.

Curiosamente, fue un inmigrante sirio, Ernst Hamoui, el que introdujo esta versión en Estados Unidos y se la ofreció a los visitantes de la feria de Saint Louis en 1904. Junto a su puesto había otro de helados y a alguien se le ocurrió rellenar una *zalabia* de Hamoui con helado. Por aquel entonces el helado se servía en vasitos de cristal o papel y Hamoui cazó la ocasión al vuelo: antes de que acabara la feria ya había fundado la Cornucopia Cone Company, una fábrica de conos para helados.

Otro de los inventos culinarios de nuestro maestro fue una mezcla de almendras y miel, similar al *pé de moleque* y que hoy en día se ha convertido en un clásico de Córdoba: el guirlache.

Por si todo esto fuera poco, Ziryab llevó a cabo otra acción casi hercúlea en la gastronomía: convenció al califa y a su corte de que la comida debía tener un orden, iniciándola con un entrante de sopa o caldo, después carne o pescado, y concluyendo con fruta, dulces y cuencos con pistachos y otros frutos secos.

Nunca antes en Europa se había visto tal cosa. Fue una revolución que se extendió por todo el continente y por el resto del mundo. A causa de esta división de las comidas, se originaron especializaciones en la cocina, con el reparto de funciones entre los cocineros, y también se empezaron a enseñar a los comensales los sabores y las texturas de cada ingrediente y de cada receta.

De esta manera, se refinaron los gustos y se empezaron a buscar nuevos ingredientes y condimentos que antes se presentaban mezclados.

Y ya sabemos las consecuencias que tuvo este hecho: la búsqueda de condimentos y especias movió el mundo hasta el siglo XVII, casi mil años después. Si no hubiera sido por las tinieblas medievales, todo este proceso se habría adelantado unos cuantos siglos.

Y aún no hemos contado todo sobre Ziryab. También ideó cubiertas de cuero para las mesas y enseñó a artesanos a realizar sus proyectos, y además sustituyó las pesadas copas de vino fabricadas con oro y plata, herencia de los romanos, por el ligero cristal venido de Oriente.

No contento con eso, también sustituyó los pesados cucharones de sopa hechos a mano con madera maciza por cucharas más ligeras, pulidas con lija y con una forma muy similar a las actuales.

Asimismo fundó un instituto de belleza junto al Palacio del Alcázar donde enseñaba a las mujeres a hacerse nuevos peinados y una técnica muy novedosa: la depilación. A los hombres los convencía de la importancia de afeitarse y de vestirse en consonancia con la estación, variando tejidos y colores, y fue así como el blanco se estableció como color del verano.

Además, tuvo influencia en la política y ayudó a Abderramán II a transformar Al-Andalus en un estado moderno que rompió con las tradiciones romanas y visigodas. Vinieron astrólogos de la India —que trajeron un juego que arrasó: el ajedrez—, médicos judíos de Egipto e Irak, matemáticos y arquitectos de Bagdad. Y así Córdoba se convirtió en la nueva capital del mundo árabe.

Ziryab falleció en el año 857 a los 66 años. Sus hijos e hijas también fueron grandes músicos, pero nunca llegaron a superar la obra de su padre.

Si su pueblo no hubiera sido derrotado y expulsado de Europa, su memoria sería recordada y celebrada por todo Occidente; pero la historia siempre la escriben los vencedores… A modo de homenaje, aquí dejo la receta de su dulce preferido:

Guirlache

500 g de azúcar
400 g de almendras sin piel
zumo de un limón

Cocinar los ingredientes en una sartén pequeña hasta que queden caramelizados. Verter la mezcla en una bandeja untada con aceite y dejar enfriar. Cortar el dulce en barras antes de que se endurezca.

EL MAYOR BANQUETE DE LA HISTORIA

«Durante diez días los alimenté, cuidé de ellos y les ofrecí medios para limpiarse y sentirse cómodos. Los honré y después volvieron a sus casas, por todos los países del mundo...». (Asurnarsipal II, 883 a.C.)

Siempre que oímos hablar de los asirios nos viene a la cabeza la idea de un pueblo belicoso y despiadado con sus enemigos, un pueblo de grandes guerreros y pocos logros. Ahora contaremos brevemente la historia de este curioso pueblo y del mayor banquete que se ha organizado nunca en la historia humana.

Según la Torá, los sirios descienden de Asur, el segundo hijo de Sem y nieto de Noé (Génesis, 11:12).

Al principio libraron grandes batallas con los babilonios y acabaron refugiándose en las montañas, donde se reorganizaron, y de allí partieron para la conquista de extensas áreas de Mesopotamia y Oriente Medio entre el 1368 y el 600 a.C.

Su organización social estaba destinada íntegramente a la autoprotección y estaba muy asociada al comportamiento militar. El rey era el sumo sacerdote y el comandante militar supremo, representante del dios Asur, el dios supremo. A este respecto, algunos estudiosos entienden que el concepto monoteísta de los judíos fue tomado en parte del concepto de supremacía de Asur sobre todo y todos.

Sus mitos de la creación y del diluvio son muy similares a los descritos en el Génesis y se presupone una cierta «inspiración» en el texto sagrado.

Curiosamente, todavía a mediados del siglo XIX poco se sabía del pueblo asirio hasta que los ingleses descubrieron las ruinas de Nínive y la portentosa biblioteca que creó Asurbanipal en el 669 a.C. en una de las 80 estancias de su palacio. La sala llegó a albergar 25.000 tablillas de barro que recogían todo el saber conocido del mundo en aquella época.

En el momento de ser descubierta, 14.000 de esas tablillas aún seguían intactas y en ellas se concentraba casi todo lo que sabemos sobre la civilización asiria. De especial interés para el tema que nos ocupa son las tablillas que contenían la receta más antigua de la humanidad, el *ashshuriâtum shirum* («carne cocida»). La transcribo:

me-e shirim shi-rum iz-za-az me-e tu-ka-an li-pi-a-am ta-na-ad-di
karsum ha-za-un-um te-te-er-ri me-eh-rum shuhut innu
i-sha-ru-tum ash-shu-ri-a-tum shi-rum iz-za-az me-e tu-ka-an
li-pi-a-am ta-na-di ha-za-nu-um zu-ru-mu da-ma sha
du-qa-tim tu-ma-la kar-shum ha-za-nu-um te-te-er-ri me-he-er na-ag-la-bi

Traducción:

Cocer la carne en el agua. Partir la grasa en tabletas, mezclar con puerro machacado con ajo, zurumu *y una parte igual de* shuhutinnû. *Verter (en el agua). Cortar en lonchas y servir con alegría.*

Se desconoce qué son *zurumu* y *shuhutinnû*, pero se supone, por los hábitos culinarios estudiados, que podrían ser cebolleta y chalote.

La receta anónima data probablemente del 1790 a.C. y, para que el ilustre lector se haga una idea, la primera receta de autor conocido es la *Tainia*, del 300 a.C., escrita por el gran Mithaecus, que también escribió el primer libro de gastronomía de la historia y del cual no se conserva nada. Sabemos de su existencia gracias al genial Ateneo porque en su magistral obra *Deipnosofistas* cita al autor, al libro y esa única receta, de la que aquí apunto una versión moderna:

TAINIA

8 lonchas de shiromi (róbalo o merluza cortados para sashimi)
u 8 filetitos de anchoas
1 pizca de pimienta negra
sal al gusto
zumo de medio limón
aceite de oliva suficiente para cubrir los filetes
1 pizca de eneldo picado
2 cucharadas soperas de queso feta rallado

Salpimentar el pescado. Colocarlo en un cuenco y cubrirlo con zumo de limón. Dejarlo reposar entre 30 minutos y una hora. Escurrirlo, colocarlo en una fuente plana, cubrirlo con aceite y sazonarlo con el eneldo y el queso. Servir con tostadas.

Después de este salto de casi 1.500 años, volvamos a la biblioteca de Nínive. Otro descubrimiento británico de suma importancia para la historia fueron las crónicas de Asurnasirpal II.

Uno de los reyes asirios más famosos —y sin duda el más cruel y despiadado— fue el responsable del apogeo del segundo Imperio asirio y probablemente del momento de mayor gloria y extensión territorial del dicho imperio. Este es uno de sus pasajes:

> *Soy Asurnasirpal, el sumo sacerdote de Asur, el legítimo rey de los asirios; no tengo rival en ninguno de los cuatro rincones del mundo. [...]*
>
> *Sin temer las batallas, soy una flecha que atraviesa a los enemigos y que vence a los invencibles, inspirado por Ea, el dios de las aguas subterráneas. Provoqué grandes matanzas. Demolí, destruí e incendié. Tomé como prisioneros a los guerreros y los empalé delante de sus ciudades.*
>
> *Desollé a nobles rebeldes... Extendí su piel sobre pilones. Después de la batalla en la que murieron 3.000 enemigos, quemé en la hoguera a muchos de los cautivos que habían sobrevivido. Al resto les corté las manos, e incluso las orejas, los dedos y la nariz. Arranqué los ojos a soldados vivos. Quemé vivas a mujeres y niñas...*

Bien, este no es precisamente un comportamiento modélico, pero los gobernantes asirios solían justificar su ferocidad afirmando que debían cortar (literalmente) cualquier tentativa de sublevación o revuelta de los pueblos dominados.

En su crónica Asurnasirpal sigue narrando cómo reconstruyó la ciudad sagrada de Asur y Calah, su palacio gigantesco. Relata que trajo artesanos del mundo entero para construir el palacio y sus portales de bronce; que hizo canales a partir del río Zab para regar los jardines con plantas y simientes traídas de todo el mundo, cuyos aromas eran diferentes a cada paso.

A continuación empieza la descripción del gran banquete de inauguración del palacio:

> *Invité al gran dios Asur y a los dioses menores de todas las naciones a un banquete en el que se consumieron:*
>
> 1.000 *VACAS*
> 1.000 *BECERROS*
> 10.000 *OVEJAS*
> 15.000 *CORDEROS*
>
> *Para la comida especial de mi diosa Ishtar, se añadieron además:*

200 VACAS Y 1.000 OVEJAS DE SIHNU

1.000 CABRITOS

500 PIEZAS DE CARNE

500 GACELAS

1.000 PATOS

500 GANSOS

500 GANSOS KURKU

1.000 PÁJAROS MESUKU

1.000 PÁJAROS GARIBU

10.000 PALOMOS

10.000 CODORNICES

10.000 AVES DIVERSAS

10.000 PESCADOS DIVERSOS

10.000 JERBOAS (NO SE SABE QUÉ ERA)

10.000 HUEVOS DE AVES DIVERSAS

10.000 BARRILES DE CERVEZA

10.000 ODRES DE VINO

1.000 CAJAS DE MADERA CON VERDURAS

300 ODRES DE ACEITE

100 ÁNFORAS DE CERVEZA ELABORADA CON CEREALES VARIADOS

100 CONOS DE PISTACHO

Durante 10 días ofrecí comida y bebida a 47.074 invitados, hombres y mujeres, procedentes de todos los rincones de mi imperio. Invité también a 5.000 personalidades, delegados de diversos países. También asistieron 16.000 habitantes del palacio de Calah y 1.500 oficiales de todos mis ejércitos. En total, fueron 69.574 invitados.

Durante diez días los alimenté, cuidé de ellos y les ofrecí medios para lavarse y sentirse cómodos. Los honré y después volvieron a sus casas, por todos los países del mundo.

Después de leer esta lista de ingredientes, nos queda especular sobre el menú que el ilustre monarca no tuvo a bien describir.

Muy probablemente las carnes se sirvieron asadas al horno o a la parrilla, o cocidas con verduras y grasa.

Los pescados se asarían directamente en el fuego; las aves, a la parrilla y servidas con legumbres en conserva, como encurtidos; los huevos, probablemente cocidos sobre las brasas o como ingrediente en algunas salsas.

El pan no consta en la lista pero se debió de servir desde el principio hasta el final del banquete, puesto que los asirios tenían 300 denominaciones distintas para el pan.

También debieron de servirse frutas frescas y en conserva y, al final, aceites perfumados para lavarse las manos y el cuerpo. Inciensos y sustancias aromáticas debieron de inundar el recinto de ese fenomenal festín.

Lamentablemente, todo ese patrimonio histórico está siendo diezmado por los saqueos en el actual Irak. Asur, la actual Sharqat, fue saqueada. De las dos colinas *(tells)* que quedaron de Nínive (Kukunyik y Nebi Yunus) poco pudo conservarse, y de las otras ciudades no se sabe casi nada.

La crueldad de los reyes asirios está siendo castigada por la ignorancia de los actuales gobernantes y señores de la guerra, que nada respetan.

JOHNNY APPLESEED, EL DEUCALIÓN MODERNO

Un héroe anónimo de la gastronomía en una historia repleta de manzanas

Casi todos los pueblos tienen su manera de contar el mito del diluvio, ya sea en textos religiosos o en leyendas. La versión griega que describió por primera vez Apolodoro de Atenas es interesante: Zeus, furioso por la maldad humana, decide destruir a los hombres y pide a su hermano Poseidón, rey de los mares, y al viento del Norte que le ayuden a inundar toda la Tierra.

Prometeo, padre de Deucalión, se entera de los planes de Zeus y avisa a su hijo, que empieza a construir una balsa que le servirá para salvarse junto con su mujer, Pirra, la hija de Pandora.

Tras nueve días de tormenta atracan en la cima del monte Parnaso y comprueban que son los únicos seres vivos sobre la faz de la Tierra. Pirra dice: «¿Y qué haremos aquí vivos en este mundo de muertos?».

Acto seguido van a consultar el oráculo de la diosa Temis, de cuya estatua cubierta de musgo sale una suave voz que les dice: «Salid del templo, cubríos la cabeza, desceñíos los cinturones y arrojad detrás de vosotros los huesos de vuestra madre». Tardan en comprender que la madre era la Tierra, y los huesos, las piedras —los primeros hombres fueron moldeados con barro—, y salen arrojando piedras hacia atrás. De las piedras que lanza Deucalión renacieron los hombres y de las que lanza Pirra, las mujeres.

Cada vez más, me parece que nos dirigimos hacia el destino que Pirra vaticinó: seremos vivos en un mundo de muertos. El hombre está matando la Madre Tierra, actualmente más deprisa que antaño. De vez en cuando aparece un Deucalión moderno que con su esfuerzo personal consigue mejorar la vida en la Tierra, aunque solo sea un poco.

John Chapman fue uno de esos hombres. Nació el 26 de septiembre de 1774 en Leominster (Massachusetts). La familia Chapman estuvo bastante implicada en la Guerra de la Independencia norteamericana y el padre de John perdió sus dos haciendas durante el conflicto.

Volvió a empezar de cero con un vivero, le enseñó la profesión a su hijo, y este la adoptó con entusiasmo y una especial predilección por las manzanas.

A los 18 años John se fue de casa en plena época de la conquista del Oeste norteamericano, para poblar nuevas tierras y hacer fortuna. Sin embargo, al contrario que todos los aventureros y viajeros, a John le interesaba sobre todo poblar el país con las plantas de sus viveros. A partir de ese momento, la historia se mezcla con la leyenda, que muestra a John sembrando semillas de manzana por todo el oeste del país, como un Deucalión que repuebla la tierra. Hoy sabemos que es difícil que un manzano crezca a partir de una semilla, salvo que existan condiciones muy especiales y, a pesar de esto, son innumerables los relatos y los grabados que muestran al viejo John esparciendo simientes y dando discursos sobre la necesidad de proteger a la Madre Tierra para que ella nos compense dándonos buenos frutos.

Aunque muy probablemente John no conocía la frase de Pirra, se dedicó a predicar ya en el siglo XVIII sobre la necesidad de preservar la tierra y generar alimentos.

Según los pocos relatos históricos fiables con los que contamos, John era un predicador abnegado que plantaba pequeños jardines frutales, ponía cercas de protección y daba charlas a la población sobre la necesidad de comer fruta para mantener una buena salud y sobre cómo proteger y gestionar bien la tierra. Por ejemplo, John temía especialmente al fuego, que según él era el eterno enemigo de la tierra y de los animales.

Cuando Chapman se dio cuenta de que las hogueras que se encendían por la noche atraían y acababan quemando a numerosos insectos, se lamentó diciendo que «este fuego que nos calienta mata a otras criaturas de Di-s...». Sus discursos sobre el riesgo de incendios en los bosques hicieron historia en su marcha hacia el Oeste.

Por todos estos motivos, en Estados Unidos el día 26 de septiembre se celebra el día de Johnny Appleseed (que traducido literalmente sería el día de «Juanito el de las semillas de manzana»), que es el nombre que recibía en el folclore local. A través de infinitos libros infantiles, canciones y dibujos animados, se recuerda la leyenda y la historia de este curioso personaje, basadas en la vida y la historia real del que probablemente fue un pionero de la ecología y de la alimentación sana.

Por su parte, la manzana se convirtió en un símbolo del *American way of life*. Expresiones como *an apple a day keeps the doctor away* (una manzana al día mantiene al médico alejado) o *as American as apple pie* (tan americano como una tarta de manzana) reflejan cuán relevante es esta fruta en la alimentación del pueblo norteamericano.

Teniendo en cuenta todo esto, poco importa que la tarta de manzana sea un invento británico: la primera mención escrita data de 1381, en las notas del chef de cocina del palacio de Ricardo II, compiladas en el libro *The Forme of Cury* de Samuel Pegge. Aquí reproduzco la receta en inglés medieval:

For To Make Tartys in Applis
Tak gode Applys and gode Spryeis and Figys and reyfons and Perys and wan they are wel ybrayed co-lourd wyth Safron wel and do yt in a cofyn and do yt forth to bake well.

Una traducción libre del texto sería: «Para hacer tarta de manzana, corte manzanas, higos, peras y pasas, mézclelo con azafrán, repártalo sobre la masa y áselo». La masa o el molde *(cofyn)* no llevaban azúcar, pues era un ingrediente raro en la época y no se consumía.

Después de la labor llevada a cabo por Johnny Appleseed, la manzana y su tarta se convirtieron en símbolos de Norteamérica y de sus gentes.

Y no olvidemos el puré de manzana que acompaña al pavo en el Día de Acción de Gracias o el zumo de manzana junto al café del desayuno, superado únicamente por el zumo de naranja. Todo esto asciende, en Estados Unidos, a un consumo anual de 10 kilos de manzanas por habitante.

En 2009 se produjeron 60 millones de toneladas de manzanas en el mundo. De esta cifra total, 50 millones (el 84%) se aplicaron a usos industriales. Durante el mismo año Estados Unidos produjo 6 millones de toneladas, de las cuales solo 2,4 (40%) se destinaron a la industria. Es decir, siendo el segundo productor mundial (el primero es China con 29 millones de toneladas), Estados Unidos es el primer consumidor de la fruta fresca.

Los judíos adoptaron la costumbre de tener manzanas en las mesas de *Rosh Hashaná* para tomarlas con miel y anticipar el sabor dulce del año que está a punto de comenzar. Así que, cuando estemos celebrando el Año Nuevo, acordémonos del bueno de Johnny Appleseed y agradezcámosle su gran esfuerzo y dedicación al repoblar las tierras de Norteamérica con fruta y, sobre todo, por su respeto a la naturaleza.

LEYENDAS ANTIGUAS, PEQUEÑOS ERRORES Y GRANDES RECETAS...

Algunos errores dieron lugar a interesantes recetas. Algunas recetas dieron lugar a interesantes leyendas.

La receta: *Crêpe Suzette*

La leyenda: En 1895, Henri Charpentier, camarero del restaurante Maître de Montecarlo, cometió un error al preparar las crepes para el postre de nada menos que el príncipe de Gales, el futuro Eduardo VII. Al prepararlas se excedió en la cantidad de licor que baña las crepes, y el licor se quemó en el infiernillo. De repente, sin saber qué hacer, se limitó a exclamar «*Voilà!*» y sirvió el plato tal cual.

Al futuro monarca le gustó tanto que preguntó el nombre del plato, a lo que respondió improvisadamente: *Crêpes Princesse*. El príncipe pidió que cambiaran el nombre por el de Suzette, pues así se llamaba su acompañante aquella noche. Al cabo de unos días, Henri recibió un presente de Francia: un anillo de brillantes, un sombrero panamá y un bastón.

Los hechos: En 1895 Charpentier tenía solo 14 años y jamás habría sido designado para servir al príncipe. Más adelante se haría famoso y llegaría a chef en la casa Rockefeller. Charpentier contó esta anécdota en diversas entrevistas y en su libro *Life à la Henri*.

Ya en 1890 el gran Escoffier, uno de los padres de la gastronomía moderna, flambeaba crepes y afirmaba que había rescatado la receta de principios de la Edad Media, cuando se preparaba para la fiesta de la Virgen de la Candelaria, el día 2 de febrero. Por otra parte, según cuenta la leyenda, tocar el mango de la sartén de las crepes en ese día, cogiendo al mismo tiempo una moneda, daba mucha suerte y fortuna. También vale la pena recordar que la receta original se hacía con zumo de mandarina, mucho más suave que el de naranja, con el que la receta se acabó popularizando.

La receta: *Salsa Beurre Blanc*

El error: el bellísimo castillo de Goulaine, en el Loira, fue construido en el 950 d.C. sobre ruinas romanas, se reformó durante el Renacimiento y hasta hoy ha producido uno de los mejores y sin duda más antiguos muscadet de Francia, gracias a una técnica tradicional realizada con el poso de las pieles de uva, conocida como *sur lie*. Su *Muscadet de Sevre et Maine Sur Lie – Cuvée du Millénaire* es antológico. Sin duda, merece la pena visitar el castillo, sus vinos y su maravilloso vivero de mariposas.

Volviendo al error histórico que comentaba, el marqués de Goulaine ofreció una ceremoniosa cena a unos visitantes extranjeros. El jefe de cocina del castillo, el chef Clémence, pidió a un ayudante que preparara una salsa bearnesa para la perca (pariente de la trucha), que iba a ser el plato principal. El torpe aprendiz olvidó por completo añadir estragón y huevos a la salsa y arruinó el menú. Como no había tiempo de rectificar, pues los visitantes debían viajar esa misma noche, el pescado se sirvió con la salsa improvisada, a la que dieron el nombre de *beurre blanc* (mantequilla blanca). Al final gustó tanto que fue inmortalizada. El chef Clémence abrió un restaurante en Nantes, donde Mère Michel descubrió la receta y se la llevó a su restaurante en París, desde donde se extendió por todo el mundo.

Eso sí, hay que recordar que la salsa no lleva crema de leche en su composición. Sin embargo, la mayoría de cocineros la añaden y echan a perder la salsa, a juzgar por las ácidas críticas del gran chef Antony Bourdain.

La receta: *Tortellini*

La leyenda: En la época en que los dioses andaban entre los humanos estalló una guerra entre las ciudades-estado de Módena (la del vinagre balsámico) y Bolonia (la de los tortellini y capital gastronómica de Italia, donde se encuentra el inmortal y centenario restaurante Pappagallo, digno de cata). A favor de Módena se alinean Baco, Marte y Venus, mientras que Apolo y Minerva defienden Bolonia.

En medio de la batalla, y huyendo de una derrota inminente, Venus se refugia en un pequeño albergue de la periferia de Bolonia. A la mañana siguiente, abandonada por sus aliados, la diosa tira de la cuerda de la campana y va a atenderla el dueño del establecimiento, pues su criada también ha huido. Al entrar en la estancia, el pobre dueño encuentra a la diosa de la belleza intentando ocultar su desnudez con las sábanas y se queda petrificado e hipnotizado al ver un trocito de su cuerpo que un golpe de viento revela bajo las sábanas.

Completamente fuera de sí, el pobre hombre corre hacia la cocina e intenta reproducir con un poco de masa el trozo de cuerpo divino que se había revelado ante sus ojos de mortal: el ombligo. Aún consternado, sin saber qué nombre poner a aquella obra, la bautiza como *tortellino*, es decir, algo que está doblemente torcido.

Esta leyenda de Giuseppe Ceri se escribió en el siglo XVIII, y *se non è vera, è ben trovata...*

Los hechos: Todo empezó con los *ravioli*, la primera pasta italiana rellena, que se creó alrededor del siglo XIII, probablemente para aprovechar las sobras de comida enrollándolas con pasta. En el siglo XIV aparecieron los *cappelleti* en un intento por diferenciar entre los rellenos de queso con forma cuadrada y los *ravioli*, que estaban rellenos de carne y tenían forma triangular. Por eso a los *cappelleti* se les unían las puntas, en forma de pequeña caperuza o *capello*.

En Bolonia, que ya por aquel entonces presumía de sofisticación gastronómica, decidieron hacer sus *cappelleti* a partir de los *ravioli* de carne, con forma de media luna en lugar de triangulares. Al ser una operación más delicada, y para que los *tortellini* pudieran tener un tamaño único, doblarlos se convirtió en una tarea reservada a mujeres con dedos finos, pues había que enrollar la pasta con el dedo índice de la mujer.

En los restaurantes especializados en esta receta se impuso la tradición de tener una estatua o un cartel del artesano de los *tortellini* como certificado de autenticidad.

No está de más recordar que los puristas solo aceptan los *tortellini in brodo*, es decir, con caldo. Si pedís *tortellini* con salsa, corréis el riesgo de escuchar improperios en algunos, afortunadamente no muchos, restaurantes de Bolonia.

La receta: *Orecchiette*

La leyenda: Esta leyenda acabó confundiéndose con la historia real. Los famosos *orecchiette* descendían de nuestras viejas conocidas orejas de Hamán.

Ya sabemos que los judíos se establecieron en la región del Trastévere de Roma cuando se destruyó el primer templo, y formaron, probablemente, el *yishuv* más antiguo conocido en Occidente. Así llegaron las orejas de Hamán a Italia y la receta de pasta nació de nuevo de la necesidad. Con las sobras de pasta se hacían pequeños rulos, cortados en rodajas y aplastados con el dedo, que formaban pequeños discos, los cuales, a diferencia de los *tortellini* y según dicta la tradición, deben ser distintos entre ellos.

En uno de los múltiples brotes antisemitas acaecidos en Italia, alrededor del siglo xv, se les bautizó como «dulce de judíos» con un tono peyorativo, haciendo burla del nombre de las orejas de Hamán: *orecchie-di-ebreo* u *orecchie-di-giudeo*. Durante el movimiento anticlerical del siglo xvii, en Sicilia el apodo mutó a *orecchie-di-prete* (oreja de padre). Con toda esta diversidad de nombres, acabó por convertirse en una especialidad de las regiones de Lecce y Bari, y a la vez se hizo conocida por toda Italia. Al cabo del tiempo, su nombre se redujo a *orecchiette* (orejitas).

NAVEGAR ES NECESARIO... Y COMER TAMBIÉN

«Y era tanta la mortalidad que generalmente fallecían 6, 7, 8 y hasta 9 personas al día...».
(Diario de a bordo de una nave española con destino a las Indias)

¿Alguno de vosotros ha podido contemplar una carabela con detalle?

En algunos museos y libros de texto podemos ver que la carabela era un barco rápido con dos mástiles, una cubierta y un castillo de popa, que tenía un máximo de 20 metros de eslora, espacio para una tripulación de 40 a 60 personas y una capacidad de 50 toneladas.

Lo que siempre creímos que era una carabela, se llamaba en realidad nao y era una embarcación pesada, con tres o cuatro mástiles, dos castillos (uno en popa y otro en proa) y a veces más de una cubierta. Tenía como mínimo 20 metros de eslora, una tripulación de 190 a 220 personas y capacidad para 500 toneladas de carga.

A modo de ejemplo, Colón partió de España con la nao *Santa María* y las carabelas *La Pinta* y *La Niña*. Cabral ya salió con una flota de nueve naos, tres carabelas y una pequeña embarcación de víveres.

La gran ventaja de las carabelas era que, al ser ligeras, podían navegar de bolina (navegar en zigzag cuando había poco viento) e incluso avanzar a remo en ausencia total de viento.

El historiador peruano Rafael Varón nos cuenta el relato de un mercader que hizo el viaje de Europa a América:

> *Fue muy difícil obtener uno de los escasos camerinos privados de dos metros cuadrados. La mayor parte del área disponible de la nave estaba ocupada por más de mil kilos de comida, enseres de cocina y barriles de agua, vino, vinagre y aceite. Los olores a bordo eran nauseabundos. El agua, al cabo de dos semanas, sabía a barro y el vino, a vinagre.*
>
> *Nos acompañaban ratas, piojos y cucarachas, especialmente a la hora de dormir. No existía privacidad y hacíamos nuestras necesidades en público.*
>
> *Pero todo eso se veía compensado por los grandes beneficios que se obtenían del oro y la plata.*

Vayamos a lo que nos interesa: ¿qué vituallas cargaban en el barco y qué comían los valientes exploradores?

Como hemos visto, el espacio a bordo era mínimo y las condiciones de higiene y almacenamiento eran casi inexistentes. Una nao solía tener tres despensas: una para los hombres de infantería y posibles civiles o pasajeros, una para la tripulación y otra para los oficiales. Normalmente toda la embarcación tenía su encargado de la despensa y en la nao capitana también había un superior, el jefe de los encargados de las despensas de la flota, que recibía el nombre de «tenedor de bastimentos» y cuya función principal era guardar las llaves de las despensas.

En algunas naos se permitía hacer fuego a bordo y los marineros podían cocinar sus raciones individuales en cubierta. No obstante, existía temor a los incendios y por eso no se incentivaba mucho esta opción.

Algunos hábitos alimenticios eran clásicos en los navíos de la época: los martes y los domingos siempre se comía carne de buey.

El arroz solo se servía una vez a la semana, los miércoles. El resto de días la comida consistía en pescado y cocido de garbanzos.

Los martes, los jueves y los domingos, además, se distribuía queso. Todos los días de la semana había galletas de barco, carne en salazón y tocino ahumado.

Para los que estaban enfermos había gallina, galletas blancas, lentejas, pasas y, cuando era posible, azúcar. El ajo estaba prohibido para los enfermos, mientras que era muy consumido por el resto de la tripulación.

El consumo de agua era libre, aunque se calculaban unos dos litros por tripulante al día. El vino se distribuía libremente entre los oficiales, que lo tomaban solo, mientras que a los marineros les tocaba medio litro y lo tomaban diluido con agua.

El mayor drama en una travesía larga era la mortalidad que abatía a la tripulación, casi siempre a causa del escorbuto (enfermedad originada por falta de vitamina C). El ser humano es uno de los pocos animales cuyo organismo no sintetiza la vitamina C y por eso necesita ingerirla a través de frutas principalmente.

Debido a su poca durabilidad, en travesías largas no se llevaba cargamento de frutas. Y lo que es aún peor: los médicos de la época atribuían muchas de las muertes a la degustación de frutas exóticas.

En 1753 el cirujano naval escocés James Lind publicó su estudio *Tratado sobre el escorbuto*, en el que probó que bastaba con tomar zumo de limón u otros cítricos para acabar con el escorbuto a bordo.

Desde ese momento los barcos empezaron a llevar barriles de zumo de limón y a abastecerse de frutas cítricas al llegar a destino. Como resultado, la enfermedad fue prácticamente erradicada.

Otra fruta que tuvo mucho éxito tras el descubrimiento del nuevo continente fue la sandía, que, además de ser duradera, proporcionaba agua y sustento.

El sacerdote español Eugenio Salazar describe cómo era una comida en una nave española:

Cuando era casi mediodía, se colocaban los alimentos sobre un tablero en la cubierta y los platos de madera acompañados por trozos de galleta. Después un paje gritaba: «Tabla, tabla, señor Capitán y Maestre, y buena campaña. Tabla puesta, vianda presta. ¡Viva el Rey de Castilla, por mar y por tierra! Quien le diere guerra, que le corten la cabeza, quien no dijere amén, que no le den de beber. Tabla en buena hora, quien no viniere, que no coma...».

Los marineros replicaban voceando «amén» y se abalanzaban con sus cuchillos sobre la carne. En una mesa aparte comían el capitán, el maestre, el piloto, el escribano y el capellán. En otras mesas, los pasajeros y los oficiales.

Cuando hablamos de galleta nos referimos a una masa elaborada con agua, sal y harina, que era duradera y resistente a la humedad. De origen italiano, contribuyó enormemente a la navegación de la época. Su nombre en italiano, *bis cotto*, revela el secreto de su preparación, pues se horneaba dos veces para aumentar su durabilidad y resistencia. Sin embargo, muchos marineros perdieron dientes por culpa de su dureza y más teniendo en cuenta que el escorbuto se manifestaba con una gingivitis que los debilitaba.

En la Armada española se adoptó un sistema según el cual cada navío tenía una taberna gestionada por terceros a través de licitación pública (aunque el capitán y el contramaestre eran partícipes y socios obligatorios de los beneficios). En esa taberna los marineros podían comprar libremente aguardiente, dulces, conservas, frutos secos, comidas en general y ropa o artículos de navegación. A su vez, estaba prohibido comprar comida en puertos y paradas, para mantener el nivel de ingresos de la taberna. En 1748 los marineros Jorge Juan y Antonio de Ulloa lideraron una revuelta a favor del permiso de libre compra de víveres, que finalmente fue concedido por la Armada española.

A continuación mostramos la lista de alimentos cargados en una nave española que se dirigía a América del Sur desde España:

- 900 QUINTALES DE GALLETAS NORMALES
- 100 QUINTALES DE GALLETAS BLANCAS
- 140 CUBAS DE VINO
- 20 CUBAS DE VINO DEL COMANDANTE

- 280 garrafas de aceite
- 14 barriles de vinagre
- 5 quintales de cebollas
- 2 quintales de sal
- 1 quintal de ajos
- 3 quintales de azúcar
- 1.000 tarros de 500 g de miel
- 15 barriles gigantes de garbanzos
- 6 quintales de arroz
- 8 quintales de queso en barriles
- 63 quintales de carne vacuna en salazón
- 40 quintales de tocino
- 63 quintales de atún y bacalao secos
- 40 toneles de agua para uso
- 200 toneles de agua para consumo
- 8 arcos de hierro por cuba o barril para fijación y sujeción

Aparte de eso, también cargaban cabras (de 6 a 8), gallinas (de 6 a 10), cerdos vivos (de 3 a 6) y sus alimentos.

Como referencia, un quintal equivale a 100 kilos, una cuba o barril equivale a medio tonel, un tonel equivale a 1.000 litros y una garrafa equivale a 4,5 litros.

En las paradas (Canarias, Jamaica, Nicaragua y Honduras) se cargaban más víveres, animales vivos y frutas, principalmente naranjas y cazabes o tortas de mandioca, que sustituían al pan.

Uno de los principales problemas era el agua, que, tras unos cuantos días de navegación, aparecía verde y con barro, y por eso los marineros apenas la consumían.

El capitán español Pedro Fernández de Quirós inventó un ingenioso recolector de agua de lluvia que fue imitado por navegantes de todo el mundo. Después de una buena tormenta podía llegar a recoger hasta 300 garrafas de agua. Los portugueses empezaron a utilizar semillas de cacao para aromatizarla y hacerla un poco más apetecible.

En cuanto al vinagre, no solo era un condimento: servía también como desinfectante y detergente. No olvidemos que en el pasado el vinagre era el ácido más fuerte que se conocía.

Cuando se empezaron a cargar barriles con zumo de limón se utilizó un método originario de los judíos en Egipto: se diluía zumo de limón con agua y se le añadían las peladuras y algunas especias para aumentar su tiempo de conservación. Este método fue introducido en España por el rabino David Ben Zimra y desde allí se extendió a otros centros de navegación.

Aunque las despensas estaban bastante bien surtidas, los cocineros no eran muy creativos y la comida era poco variada y estaba mal preparada.

Los navíos ingleses tenían fama de disfrutar de la mejor cocina a bordo, mientras que los portugueses eran conocidos por contar con la más abundante aunque de mala calidad. Los españoles, italianos y holandeses no destacaron en esta área.

Unas pocas naves de los reinos otomanos de Oriente despuntaron por sus lujos y gastronomía, aunque su zona de navegación se reducía al Mediterráneo y no hacían travesías transoceánicas.

La gastronomía náutica se cimentaba en cocidos, sopas y, en vigilias de fiestas de guardar, asados.

Curiosamente, el consumo de pescado era bajo, y por eso casi no se pescaba, hecho para el cual aún no se ha encontrado una explicación satisfactoria.

Un ejemplo de esta falta de hábito de pesca entre los portugueses es el episodio de la Retirada de la Laguna. En 1867 unos 1.300 soldados del ejército brasileño pasaban hambre y necesidad mientras eran perseguidos por el ejército paraguayo. Pues bien, la mitad de ellos murió de hambre o enfermedad en pleno Pantanal de Mato Grosso, uno de los puntos con mayor concentración de peces del mundo.

Navegar era necesario, comer era fundamental. Sin embargo, según parece, la gastronomía fue relegada a un segundo plano durante los maravillosos años de los descubrimientos.

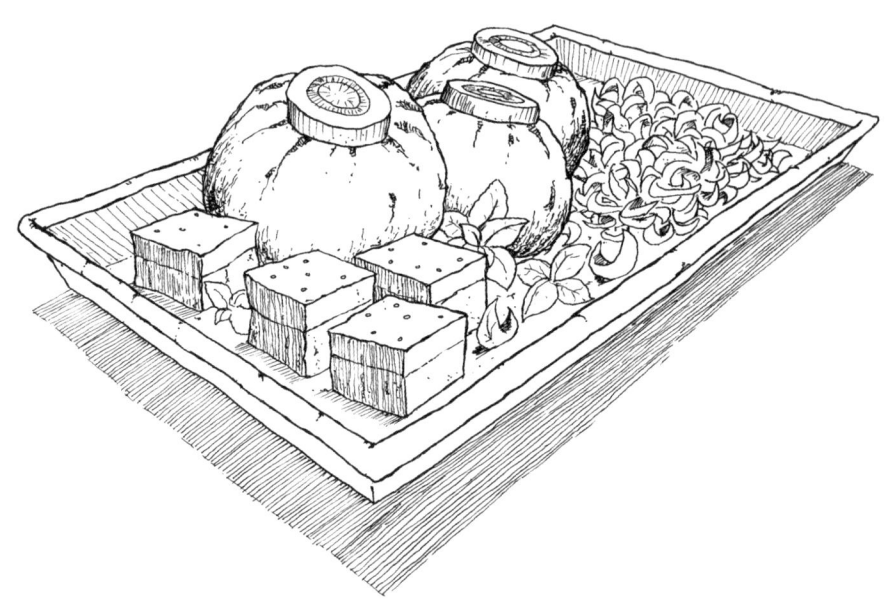

GEFILTE FISH, UNANIMIDAD EN LAS MESAS JUDÍAS

«La fiesta era digna de un rey. El delicioso pescado relleno nos trajo a la mente el versículo que habla de las grandes ballenas...».
(Haim N. Bialik, *El viernes corto*)

Uno de mis sobrinos me planteó una pregunta que no supe responder: ¿por qué comemos *gefilte fish* (pescado relleno, en yiddish) en todas nuestras fiestas?

Pensé en unas cuantas respuestas, pero todas terminaban en «porque siempre ha sido así», y eso no es una respuesta convincente. Tras leer e investigar un poco, he aquí mi intento de respuesta.

Creo que debemos empezar por preguntarnos «¿Por qué pescado?» antes de llegar al *gefilte fish*.

Algunos de los motivos son evidentes: el pescado es *pareve*, neutro, y puede combinarse con cualquier otra comida, aunque algunas comunidades ortodoxas prefieran no comer pescado y carne juntos en el mismo plato —por ejemplo, un *vitello tonnatto*. Tradicionalmente preferirán, tras un entrante de pescado, limpiar el paladar con un trozo de pan, un trago de vino o aguardiente o bien con un sorbete, para poder comer carne después. En la Antigüedad, algunas comunidades judías de la India no mezclaban el pescado con la leche y sus derivados.

El pescado ya nace kosher (puesto que tiene aletas y escamas), y no es necesario que sea manipulado, salado y cortado, o sea que está listo para ser consumido desde el momento en que sale del mar, del río o del pescatero, lo que facilita las cosas a la cocinera o cocinero.

Sin embargo, tiene su significado histórico siempre asociado a la fertilidad, el crecimiento, la multiplicación, la abundancia y la prosperidad —no solo entre los judíos sino también entre otros pueblos, sobre todo los orientales. Dicen nuestros sabios que comer pescado nos transporta al sabor del paraíso, una sensación mística de cómo serán los días en la era mesiánica. En el Libro de Job (Leviatán), el monstruoso y demoníaco pez será derrotado en la venida del Mesías y los hombres justos harán un banquete con su carne. Eso explicaría el altísimo consumo que hacían los judíos de *hering*, carpa, y hoy en día de salmón.

El pescado tiene un significado muy destacado sobre todo en el sabbat, puesto que la *dag*, la palabra hebraica que lo denomina, tiene un valor numérico de siete y, por lo tanto, comer pescado el séptimo día de la semana tendría un significado muy especial.

Los antiguos creían que comer pescado en alguna de las tres comidas principales del sabbat ayudaba a los hombres a evitar el Juicio de Gehena, o sea, ir a parar posiblemente al terrible infierno ardiente situado en el Valle de Hinom.

Lo que ocurre es que separar las espinas de la carne comestible es trabajoso y, por consiguiente, no puede hacerse en el sabbat, sino que debe hacerse el día anterior. A partir del desconocimiento imperante sobre las maneras de conservar el pescado, surgen dos teorías: la primera considera la adición de aderezos, sobre todo cebolla, como una manera de conservar mejor el pescado; la segunda afirma que preparar la carne del pescado eliminando las espinas y precocinándolo el viernes resolvería el problema de tener que elaborarlo y conservarlo en el día sagrado.

Fue así como nació el *Gefilte fish*, una forma mejor de preparar el pescado para el sabbat, que era distinta de la manera como la hacemos actualmente.

Se retiraba toda la carne, junto con las espinas, y entonces se molía, se condimentaba y se mezclaba con pan rallado (o de *matzá*, en la *Pésaj*, la Pascua judía); después volvía a rellenarse la piel del pescado. Con eso también se lograba aumentar el rendimiento del plato, ya que se duplicaba la cantidad.

Entonces se envolvía el pescado y se ataba con un paño (para que no se desmontara), y se cocinaba en un caldo a base de espinas, cabeza y condimentos. El caldo también se aprovechaba para cocer patatas, que luego se servían, el sábado, cortadas en trozos, en un plato llamado *Fish kartoffel*.

En varios libros de cocina medieval ya aparecen albóndigas de carne o de pescado, por lo que podemos considerarlos una costumbre culinaria de la época transformada por los judíos. Del mismo período se registra la receta de la *yullica*, de Yemen, que son albóndigas de carne bien condimentada.

Posiblemente el origen más ancestral conocido del *Gefilte fish* sea la receta egipcia del *Bellahat*, que son también albóndigas de pescado frito y servido con una buena salsa de tomate bien sazonada, y que probablemente llegó a Europa con la invasión árabe.

Todavía queda pendiente una pregunta: ¿por qué carpa?

Primero, porque toda albóndiga o *quenelle* debía elaborarse con un pescado rico en grasas para que tuviera más consistencia y sabor. Y segundo, porque la carpa, además de ser un pescado graso, era y es muy abundante en los ríos de Europa y Oriente, con lo cual era barato y fácil de obtener.

Del sabbat a las grandes fiestas medió solo un paso, y el *Gefilte fish* se transformó en el plato oficial de nuestras celebraciones y en una de las pocas cosas en las que todos los judíos coinciden de forma unánime.

¿Unánime? Bueno, no tanto. Igual que existió el famoso Paralelo 38 en la Guerra de Corea, la Línea Maginot en la Segunda Guerra Mundial y otras divisiones geográficas famosas, hay una línea imaginaria que pasa por el norte de Polonia y que se denomina «Línea divisoria del *Gefilte fish*». En Rusia, Moldavia, Ucrania, etcétera, el *Gefilte fish* es más salado y se condimenta con pimienta; al sur, en Polonia, Alemania y Austria, la receta lleva azúcar y a veces pasas. Las recetas también varían con respecto a la cantidad de cebolla. Todavía se cuestiona si la carpa debe mezclarse con tararira o no, y en qué proporción (universalmente se acordaron dos tercios de carpa y un tercio de tararira); si las albóndigas deben tener un ligero color de azafrán, pieles de cebolla u otro condimento; si el *chrein* (rábano picante) deben mezclarse con remolacha o con zanahoria, etcétera. Si no, no sería una buena receta judía. Mejor que digamos, entonces, «casi unánime».

El caso es que el *Gefilte fish* es un plato que no puede faltar en ninguna buena celebración judía. Y si no, preguntadle a la americana Manischewitz, que vende anualmente dos millones de botes de este plato ya preparado. Aproximadamente un bote por cada diez judíos del mundo...

Queda así respondida la pregunta de mi sobrino.

Y de regalo, la receta del *Bellahat* egipcio para un próximo sabbat:

BELLAHAT

1½ *kg de pescado (pescadilla, bacalao fresco o mero)*
½ *taza de té de harina de trigo o de matzá*
2 *huevos*
5 *dientes de ajo bien picados*
½ *cucharadita de comino*
sal y pimienta negra al gusto

- Mezclar todos los ingredientes y batirlos en una trituradora hasta obtener una masa consistente.
- Dejarla reposar en la nevera una hora.
- Pasado este tiempo, con las manos mojadas, separar porciones de masa y moldear las albóndigas del tamaño de una pelota de ping-pong.
- Freírlas con aceite abundante y escurrirlas en papel absorbente.
- Aparte, hacer una salsa de tomate bien espesa. Colocar las albóndigas fritas para cocinarlas en la salsa durante 5 minutos. Aderezar con gotas de limón y pimienta negra.
- Servir con arroz o ensalada.

LA CENA DE LOS TRES EMPERADORES

Imaginaos una cena en la que los tres hombres más poderosos de su época se reúnen simplemente para charlar y comer.

Pues esta cena tuvo lugar el 7 de junio de 1867, en París, y en ella participaron el zar Alejandro II, con su hijo Alejandro, futuro Alejandro III; el káiser Guillermo I de Prusia; y Otto von Bismarck, unificador de Alemania.

El escenario

La Exposición Universal de París, inaugurada el 1 de abril, era una respuesta de Napoleón III y de los franceses a la Gran Exposición de Londres, acontecida en 1862. Dejando de lado las disputas ancestrales por el prestigio y el liderazgo que mantenía con el país vecino, Francia quería mostrar su poder y sus avances tecnológicos.

La Exposición se situó en el Campo de Marte, en un área de 690.000 metros cuadrados, de los cuales 150.000 se destinaron al monumental Pabellón Central. Fue una manera de presentar al mundo el París renovado, tras su nueva planificación urbana y las magníficas reformas llevadas a cabo en la ciudad; todo ello orquestado por el barón Georges Eugène Haussmann, el arquitecto que se encargó de la reurbanización de París a petición de Napoleón III. Además de todas las innovaciones, como el ascensor hidráulico, el hormigón reforzado y los gigantescos cañones diseñados y fabricados por Krupp, una industria que ejemplificaba la grandeza de Prusia, se destinó una zona exclusiva para mostrar el desarrollo social de la humanidad, con modelos para la construcción de viviendas de protección oficial, nuevas técnicas de enseñanza y aprendizaje e incluso el proyecto de una aldea obrera impulsada por el propio Napoleón III.

Sin embargo, su mayor triunfo fue en el ámbito diplomático. Prácticamente todos los monarcas, presidentes, jefes de Estado y de gobierno, ministros y líderes del mundo pasaron por el Campo de Marte durante los 217 días del acontecimiento. Fue un récord de acuerdos, contratos, negociaciones y tratados.

El restaurante

El Café Anglais, el mejor restaurante de París en el siglo XIX, fue fundado en 1802 en el Boulevard des Italiens. Al principio era un lugar donde los cocheros y criados domésticos tomaban su *English breakfast* o tomaban un tentempié. Debía su nombre al Tratado de Amiens, que selló la paz definitiva entre Francia y Gran Bretaña.

En 1822, su nuevo propietario, Paul Chevreuil, realizó una reforma general de las instalaciones, la decoración y el menú. El Café Anglais se convirtió en un local de moda en París, donde degustar carnes asadas y a la plancha. Con la contratación del chef Adolphe Dugléré en 1866, pasó a ser «el restaurante» de París y a servir platos que hicieron historia y fueron copiados en todo el mundo, como el *Potage Germiny*, el *Poulard Albufera*, el *Sole Dugléré*, el *Tournedos Rossini* y muchos otros.

En 1913 el Café se cerró por demolición del edificio y ya no volvió a abrir. Afortunadamente, su bodega y los paneles de madera del salón Grand Seize (en el que se celebró la memorable cena), así como parte de la cubertería, la cristalería y las porcelanas, fueron adquiridos por el yerno de Claude Burdel (entonces propietario del Café), André Terrail, que estaba negociando la compra de un restaurante nuevo, La Tour d'Argent, el más antiguo de París en actividad y que conserva todo ese material y la decoración original a la vista del público.

Si por casualidad algún día vais allí, probad uno de los famosísimos *canards numérotés* (patos numerados). Se trata de una receta creada alrededor de 1650 por los españoles que se establecieron en el valle del Loira. Posteriormente, a principios del siglo XIX, fue adaptada por el chef Méchenet de Ruan, y luego la adaptó el maître Frédéric Delair en La Tour d'Argent. El pato en cuestión solo puede ser de la especie *challandais*, descendiente de los patos originales capturados por los españoles, y se come poco hecho.

La ceremonia en la mesa es casi una liturgia, llamada *Théâtre du Canard*, ejecutada por los *canardiers*, considerados los legítimos descendientes de Frédéric Delair.

Por orden, se retira la pechuga (magret), los muslos y las alas. El magret se corta longitudinalmente en finas lonchas *(aiguillettes)*. Con las alas se prepara un consomé, al que se añade vino de Madeira, coñac, zumo de limón y especias.

La carcasa del pato se pasa por una prensa especial y el jugo resultante se añade al consomé, de manera que se obtiene una salsa espesa que se calienta y se sirve sobre las *aiguillettes*. Los muslos se asan ligeramente a la parrilla y se sirven aparte con una ensalada.

Frédéric Delair tuvo la idea de numerar sus patos y registrarlos en un libro. De ese modo, puede saberse, por ejemplo, que el rey Eduardo VII consumió el pato 328, que el 53.221 fue para el emperador Hirohito y que el 938.401 fue a la mesa de Gorbachov.

Os recomiendo encarecidamente conocerlo y probarlo.

El chef

Adolphe Dugléré nació en Burdeos en 1805 y murió en París en 1884. Fue uno de los discípulos preferidos de Carême (el rey de los chefs y el chef de los reyes) y, como su maestro, fue chef de cocina de los Rothschild y, después, del conocido restaurante Les Frères Provençaux.

En 1866 fue contratado como gran chef del Café Anglais y, a partir de esa fecha, ambos nombres serían indisociables. No puede hablarse de uno sin citar al otro.

Creó platos y técnicas antológicas, como los pescados *à la Dugléré*, una forma de asar pescados sobre un lecho de tomate *concassé*, cebolla picada, perejil, tomillo y un poco de ajo. Es simple: se coloca sobre este lecho el pescado perfumado con vino blanco y se cuece. Se retira el pescado, se desglasa el jugo resultante en la misma fuente, se añaden unas cucharadas de *velouté* y se vierte la mezcla sobre el pescado antes de servirlo.

Patatas Anna, creadas en homenaje a Anna Deslions, famosa por su belleza, es una especie de pizza elaborada con patatas cortadas en lonchas finísimas dispuestas en círculo y asadas con mantequilla y hierbas. Son también de su creación el *Potage Germiny*, el *Soufflé à l'Anglaise* y muchos otros platos.

Dugléré fue amigo de muchas personalidades célebres, desde reyes hasta artistas de la época, y participó, por ejemplo, en el desagradable incidente entre Gioacchino Rossini (el compositor) y el maître Marcel Magny, que acabó resultando en la receta del *Tournedos* Rossini.

Finalmente, el menú

❖ *Potages* — las sopas ❖

Impératrice Fontanges — El consomé *Impératrice* es un caldo de gallina enriquecido con crestas y riñones de gallo precocidos, hojas de perifollo y puntas de espárragos. Como precedente, ya encontramos la sopa *Fontanges* —creada en homenaje a Marie Angélique de Scorailles, *mademoiselle* de Fontanges, una de las amantes preferidas de Luis XIV—, que contiene un puré de guisantes frescos mezclados con el caldo de carne y acedera cocida y picada. Debe servirse acompañada de una pasta elaborada con yemas de huevos y crema de leche que se dispone sobre el caldo caliente.

❧ Hors d'oeuvre – los entrantes ❧

Soufflé à la Reine — Carême acababa de perfeccionar el arte de hacer suflés y su discípulo lo homenajeó con esta receta, que lleva menudillos de gallina, champiñones y trufas.

❧ Relevés – los primeros platos ❧

Filets de Sole à la Vénitienne — La salsa *vénitienne* para pescados es una receta original de Carême. El lenguado se pocha en un fumet reducido, se escurre y después se cubre con una salsa elaborada a partir de la salsa alemana, a la que se añade estragón, mantequilla, nuez moscada y vinagre de estragón. Es una de las salsas más complicadas de hacer, por el tiempo y el punto exacto de cocción que precisa.

Escalope de Turbot au Gratin — Conocido como rodaballo, el *turbot* es pariente del lenguado, más grande y de sabor más delicado. Se sirvió gratinado con un poco de salsa blanca y queso de Gruyère.

Selle de Mouton Purée Bretonne — La silla del cordero comprende los dos lomos en paralelo. En la cena de los emperadores se sirvió asada con un puré de puerros, judías verdes y alubias blancas.

❧ Entrées – los platos principales ❧

Poulet à la portugaise — La preparación *Portugaise* (Poulet à la Portugaise) para pescados y pollos revela un uso abundante de tomate. En esa receta se asó el pollo condimentado con ajo, vino blanco y vermut seco. Aparte, se hizo una salsa de tomate y cebollas asadas y glaseadas con vino blanco, y se sirvió sobre el pollo.

Pâté Chaud de Cailles — El paté caliente de codorniz *(Pâté Chaud de Cailles)* es una terrina de codornices cocidas durante mucho tiempo y regadas con vino de Oporto y después colocadas en un molde cubiertas de beicon y cocidas de nuevo al baño María.

Homards à la Parisienne - La preparación *Parisienne* de la langosta se presenta con una mayonesa espesa decorada con corazones de alcachofa, huevos cocidos rellenos de caviar y figuritas decorativas hechas con *aspic*. Para la cena se escogió la langosta, por la pompa e importancia de los invitados.

Sorbets au Champagne — Los sorbetes son un hábito muy antiguo para refrescarse el paladar, preparándolo para las siguientes exquisiteces. La única diferencia es que Dugléré utilizó champagne en vez de agua para su elaboración.

❧ *Rôtis* — los asados ❧

Canetons à la Rouennaise — Como ya dijimos, la región de Ruan es famosa por sus patos. Según parece, en la cena se sirvió un pato asado y relleno de nueces, cubierto de salsa bordalesa y enriquecido con hígados de pollo.

Ortolans sur Canapé — El escribano hortelano es una minúscula ave que pesa unos 30 gramos, prácticamente extinguida por la gula humana. Esta ave fue siempre considerada una de las delicias históricas de la gastronomía, muy probablemente porque su dieta, a base de semillas de uva, confiere un sabor muy especial a su carne. Se asaba en un espetón y se servía encima de una tostada. Hoy en día está protegido en el mundo entero y cazarlo está considerado en Francia un delito ambiental grave.

❖ *Entremets* — los entremeses ❖

Cabe explicar aquí que los *entremets*, a diferencia de hoy día, eran platos que se servían en mitad de la comidas, entre los asados y los postres, y por eso eran más ligeros.

Aubergines à l'Espagnole — Las berenjenas a la española se sirvieron hechas a la parrilla con una salsa de tomate, pimiento rojo y cebolla y ajo bien picados y rehogados en aceite de oliva.

Asperges en Branches — Los espárragos, atados en delicados manojos, se sirvieron cubiertos de bechamel.

Cassoulete Princesse — La *cassoulete* es un poco más rara. En realidad, *cassolete* es el nombre de una pequeña fuente honda con dos asas que acabó por designar los manjares servidos en ella. En la cena de los emperadores parece que se sirvieron sesos de buey rehogados en salsa de trufas o un paté ahumado de pescados, pero no se sabe a ciencia cierta.

❖ *Dessert* — los postres ❖

Bombe Glacée — Nuestro conocido postre helado, elaborado en un molde gigante, relleno con helado, crema y macedonia de frutas; todo servido helado.

❖ *Vins* — los vinos ❖

Los vinos constituyeron un capítulo aparte y merecerían, de hecho, un texto que profundizara más en ellos:

Madeira — Retornado de la India en 1810. Es decir, los ingleses se llevaron muchos vinos generosos, como madeira, oporto y jerez, a la India. Por algún motivo, algunas garrafas retornaron y, cuando se abrieron, se descubrió que el viaje en barco había mejorado sus características, con lo cual surgió la costumbre de los vinos retornados, que lógicamente eran más escasos y mucho más caros.

Jerez – Retornado de la India en 1821:
 Châteaux Yquem (1847)
 Chambertin (1846)
 Châteaux Margaux (1847)
 Châteaux Latour (1947)
 Châteaux Lafite (1848)

Un cálculo aproximado hecho por especialistas indica que una cena como esta costaría alrededor de mil euros por persona. Pues resulta que, para sorpresa general, el zar Alejandro II se quejó de que había ido al mejor restaurante de París y que no había probado el famoso *foie gras*. Visiblemente incómodo, el maître Claude Burdel le explicó que en la gastronomía francesa no era costumbre servir *foie gras* en junio, pero que si podía esperar hasta octubre, no se arrepentiría. Promesa hecha, promesa cumplida: en octubre se enviaron cuatro gigantescas terrinas de *foie gras* a los cuatro asistentes a la ilustre e histórica cena.

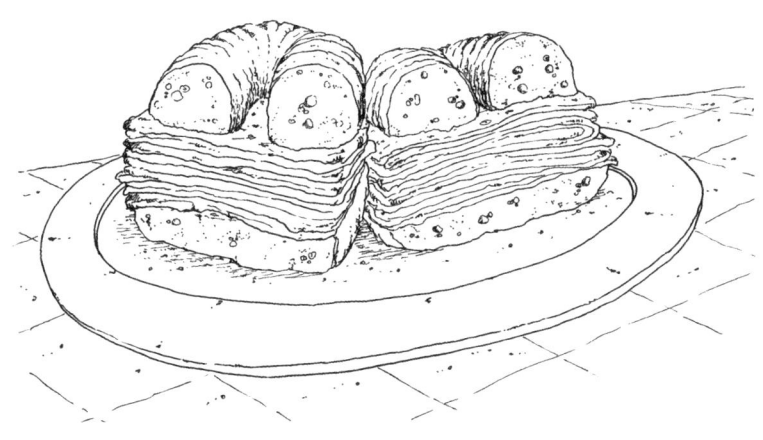

¡QUÉ IDIOTAS!
¡SE HAN LLEVADO EL DINERO
Y HAN DEJADO EL *PASTRAMI*!

Esta fue la reacción de Leo Steiner, dueño del Carnegie Deli, después del único robo que se produjo en esta auténtica institución culinaria de Nueva York.

En 1991, el presentador de la CBS, Bob Simon fue hecho prisionero durante 40 días en la Guerra del Golfo. Una vez liberado, rodeado de medios de comunicación y de fuerzas de seguridad, su única petición fue «un sándwich de *corned beef* del Carnegie Deli con sus *pickles*».

Y así empezamos a hablar sobre los locales que moldearon el hábito de comer de los neoyorquinos, judíos o no. Por ejemplo, Lox and Bagels fueron precursores de una moda y unas recetas al popularizar el *bagel*, un secreto solo de los judíos hasta entonces, así como el *cheesecake* y su ingrediente principal, el *cream cheese*; el *pastrami*, la lengua ahumada;

los «obscenos» sándwiches triples, con medio quilo de relleno; la tónica Cel-Ray y muchas otras, de las cuales hablaremos más adelante.

Todo empezó con los inmigrantes alemanes y alsacianos, no judíos, que abrieron pequeños colmados a principios del siglo XIX. Estos establecimientos recibieron un nombre que venía del alemán, *delicatessen*, que designaba la tienda y algunos de sus productos *delicate*, exquisitos.

Con la inmigración judía, también en ese período, surgieron dos problemas. El primero era la necesidad de proveedores de comida kosher —precisamente era por eso por lo que los judíos tendían a concentrarse en una misma región (en el caso de Nueva York, el Lower East Side), pues así podían comprar comida kosher en yiddish—. El segundo era la existencia de una gran cantidad de hombres solteros que fueron a «hacer las Américas» y no tenían una mamá yiddish que les cocinara.

Puesto que surgió la necesidad de inventar una madre, algunos comerciantes judíos que ya habían abierto sus *delis* empezaron a servir algunos platos caseros preparados por sus mujeres —y es que casi todos vivían en la trastienda— y después pasaron a servir algunos *forspeizen* (aperitivos, en yiddish) para esa clientela. Lógicamente todas las *delis* eran kosher. Con el tiempo, las que mantuvieron el kosher y derivaron más hacia los sándwiches y platos rápidos, empezaron a servir carnes o bien quesos y pescados —estos últimos salados o ahumados—, lo cual acabó llevando a que las que servían carnes fueran consideradas más como restaurantes, y las de pescados y quesos, más como locales propios de *appetizers* o aperitivos.

Asimismo, con el tiempo muchas de ellas dejaron de ser kosher y pasaron a autodenominarse *kosher style delis* para recordar sus raíces judías, o, como muchos llamaron jocosamente, *glatt treff delis (delis* kosher y no kosher).

Entrad en una *deli* y pedid un 211 de CB Dress con Pistol, que podrá acompañarse de Adam's Ale o *grade A*. En realidad, en el dialecto único de las *delis* estaréis pidiendo un plato doble (211) de *pastrami (pistol)* con *corned beef* (CB) y *cole slaw* con salsa rusa *(dress)*, que se servirá con un vaso de agua (Adam's Ale) o con leche *(grade A)*. En estos sitios todo tiene su nombre: Burn (batido de chocolate), Clean Up the Kitchen (hamburguesa con *hash Brown*, es decir, con tortas de patatas fritas), Combo (jamón y queso), Dutch (cualquier plato con queso), Eighty-Seven and a Half (una mujer bonita que llega), First Lady (chuletas), One-Off (salchicha), One-With (salchicha con chucrut), Wing-Ding Set Up (vaso con hielo), etcétera. O sea, un verdadero diccionario aparte.

Ya que hablamos de sus nombres, vayamos ahora a la historia de algunas de las estrellas de esta epopeya.

Siempre me intrigó saber de dónde venía el *corned* (de *corn*, maíz) del *corned beef*. Pues bien, su origen está en el hecho de que la carne está curada con sal gorda (que los americanos llaman *kosher salt*, pero que de kosher no tiene nada porque la sal es neutra; y se llama sal de kosher porque se utiliza en la «kosherización» de la carne y tiene granos del tamaño de un grano de maíz), y de ahí viene el nombre.

Su eterno colega, el *pastrami*, fue inventado en Turquía y con el nombre de *bastrama*. Esa carne se secaba al aire libre y después se curaba con sal y pimienta. Los inmigrantes rumanos se llevaron la receta a Nueva York y, entre rumanos y rusos, llegó a las *delis*, que la sofisticaron curándola con hierbas y especias y después ahumándola, y así fue como las *delis* la difundieron por el mundo.

Los *pickles*, que es como los americanos llaman a los pepinos y a los tomates verdes encurtidos, también vinieron con los rusos y fueron inmortalizados por la tienda del polaco Izzy Guss (la Guss Pickles, fundada en 1920), que los vendía en barriles, en la calle. Dicen que su secreto era una marinada que llevaba semillas de cilantro, mostaza, laurel, ajo, pimiento rojo y, claro está, sal y *dill* (eneldo). Hasta la fecha, los *pickles* se venden en cuatro graduaciones: *new dill pickle*, todavía crujiente y verde; *half sour pickle*, todavía verde pero ya madurado; *three-quarter pickle*, del estilo del que hacían nuestras *babes*, y el *full sour pickle*, bien madurado, verde muy oscuro y de sabor muy fuerte. Es inconcebible sentarse en una *deli* y no encontrar un bol con *pickles* de pepinillos y, con un poco de suerte, tomates verdes.

Otro plato estrella de las *delis* es el sándwich *lox and bagel*. Aquí todo tiene historia: *lox* proviene de la palabra yiddish *lachs*, que es como se llamaba al salmón en salmuera (como el bacalao) que llegaba en barriles. Con el tiempo fueron surgiendo otros métodos, como la curación con sal y azúcar moreno, y el posterior ahumado. Los judíos introdujeron el hábito de ahumar el salmón pero conservaron el nombre, que hoy designa cualquier tipo de salmón.

El *cream cheese*, el queso crema, empieza su historia en 1882 cuando los hermanos Breakstone, inmigrantes de Lituania, abrieron una tiendecita en el Lower East Side para vender mantequilla, quesos y crema de leche. En 1920 tuvieron conocimiento de la receta de un granjero que intentó imitar el queso francés Neuchatel y decidieron utilizarla y llamar al queso resultante *queso de Filadelfia*, puesto que Filadelfia era la cuna de las libertades democráticas norteamericanas. Poco después, la empresa y su receta fueron vendidas a la Kraft.

El *bagel* fue posiblemente inventado en Viena en 1683, durante el asedio turco de la ciudad, y parece que lo crearon dos soldados polacos que llegaron con la caballería del general Sobieski a salvar la ciudad. Su forma redondeada es un homenaje a los estribos de la caballería victoriosa y, de ahí, del alemán *bügel* al yiddish *beigel* y al inglés *bagel* solo hubo un paso.

Nos queda por descubrir quién fue el genio que tuvo la iluminación de combinar esos tres ingredientes en el sándwich que se convirtió en el símbolo de las *delis* de Nueva York. Entre todas las leyendas que corren, hay una que cuenta que el cantante, actor y showman Al Jolson solicitó por radio a un dueño de una *deli* un sándwich como ese diciéndole que después del espectáculo pasaría por allí para comérselo.

Cada ingrediente y cada receta tienen una historia, pero ¿y las *delis* en sí?

La Katz, una de las primeras de la ciudad, es de 1888, y hoy está ubicada en la 206, E. Houston St. Allí se creó el famoso *Send a salami to your boy in the Army* durante la Segunda Guerra Mundial. Además, la Katz es una de las pocas *delis* en la que existe el *self-service*, con derecho a probar una rebanada de *pastrami* o de CB *(corned beef)*. Durante la Segunda Guerra Mundial, inspirados por la canción «So long mom», cuya letra dice:

Remember, momy, I'm off to get commie, so send me a salami and try to smile somehow..., los dueños iniciaron una campaña para que las familias y amigos mandaran un salami a los hijos y amigos que estaban combatiendo en Europa y Asia. La campaña fue un éxito y originó un chiste, que contaba que en determinado lugar el salami fue el responsable del final de la batalla porque, al quedarse los americanos sin obuses para los cañones, se dedicaron a disparar salami contra los enemigos, a quienes les gustó tanto que se rindieron para obtener más de aquellas delicias.

Hasta hoy la Katz mantiene esa campaña y tiene acuerdos especiales con Correos y las Fuerzas Armadas para que sus salamis lleguen a cualquier lugar en el que estén presentes.

Las dos competidoras de la Séptima Avenida, Carnegie y Stage, llegaron a protagonizar la Guerra del Pastrami en 1988, de la que, según los periódicos, salió vencedora Carnegie porque curaba sus *pastramis* en el propio local. Por lo demás, ambas empataban en todo. La Carnegie (en el número 854 de la avenida) fue abierta en 1937 y se especializó en sus gigantescos sándwiches, únicos y deliciosos.

La Stage (en el número 834 de la avenida), además de los sándwiches, disponía de un menú de seis páginas con todas las comidas que pueden pasársele por la cabeza a una mamá yiddish. Cuando vayáis allí, observad las camareras: con la edad, el aspecto y el discurso de una mamá yiddish.

Nunca olvidaré cuando estuve allí por primera vez con mi padre, y la camarera le dijo, después de que él pidiera un sándwich gigantesco: «Se lo voy a traer porque lo ha pedido, pero a su edad no es nada conveniente para su salud...».

También inaugurada en 1937, la Stage tiene entre sus leyendas el hecho de haber rechazado la entrada a los Beatles, que acudieron allí a comer algo antes de su histórica grabación en el programa de Ed Sullivan (el estudio queda justo al lado) porque el entonces dueño, Max Asnas, que no había oído nunca hablar de ellos, pensó que eran un poco raros. Solo después, cuando le dijeron quiénes eran los cuatro jóvenes, pudieron degustar los Beatles su antológica comida.

La Russ & Daughters (85, Orchard St.), inaugurada en 1900, es una representante legítima de las *delis* que optaron por pescados y quesos. Sus ahumados son únicos, y su vasta colección de salmones preparados de todas las maneras imaginables son inigualables.

La Junior's, con su imbatible *cheesecake*, empezó en el Brooklyn en 1929. Legiones de clientes iban allí para probar una de las innumerables recetas de *cheesecake*, y sus mayores fans eran los hermanos Gershwin, que compusieron muchas de sus músicas en las mesas de formica de la Junior's. Hoy tiene una filial en Manhattan, en la W 45th St., entre Broadway y la Octava Avenida.

Para variar, terminaremos sin contar todo lo que hay que contar, así que escojo la 2nd Ave Deli, la más famosa y querida de todas.

En 1954 Abe Lebewohl inauguró su *deli* con una filosofía: atender bien al público. Su sencilla ensalada de hígado se convirtió en un símbolo del lugar, con las históricas esculturas de los héroes de la ciudad que él mismo hacía. Su *pastrami*, curado allí mismo, fue comentado en libros y películas.

Sin embargo, lo más importante era la atención. Se cuentan muchas historias de gente que no tenía dinero y no pagaba; o los sándwiches que Abe solía llevar personalmente a las personas que, por algún motivo, no podían salir de casa. Tuve el honor de conocerlo y anotar algunas de sus recetas antes de su trágica muerte en un estúpido atraco en la calle.

Él se fue, pero su filosofía se quedó. En el trágico 11S, la 2nd Ave Deli estuvo sirviendo a bomberos y voluntarios sin cobrar nada. Cerró sus puertas en el año 2006 y, para gran alegría de sus fans de todo el mundo, volvió a abrirlas en la 162 East 33rd Street, entre la Lexington y la Tercera Avenida.

EL PRIMER GRAN BAILE Y EL ÚLTIMO SUSPIRO DEL IMPERIO

En torno a las 22.00 horas, cuando accedía al salón, Pedro II tropezó y, con ironía, comentó: «el emperador ha tropezado, pero la monarquía no ha caído». Seis días después se proclamaba la República.

La idea de hacer un baile para mostrar a los brasileños y al mundo (sobre todo a nuestros vecinos de América del Sur) que todo iba bien en el Imperio surgió del vizconde de Ouro Preto, presidente del Consejo de Ministros. Al principio, la fecha escogida fue el 19 de octubre, pero la muerte del rey Luis I de Portugal, sobrino de Pedro II, aplazó la fiesta.

El primer gran problema fue encontrar el local. Quería hacerse una celebración con pompa, pero no se podía correr el riesgo de que hubiera un levantamiento o revuelta populares, así que se descartaron el Palacio de Petrópolis y el Palacio Imperial por considerarse inseguros. Finalmente se escogió el recién inaugurado Palacio de la isla Fiscal, antiguamente conocida como isla de los Ratones, junto a Río de Janeiro.

La partida de 100.000 millones de reales vino del Ministerio de Transporte y Obras Públicas, retirada de una dotación de emergencia para los damnificados por la sequía en Ceará.

Se enviaron dos mil invitaciones con el pretexto de que iba a celebrarse un homenaje a los oficiales del acorazado chileno *Almirante Cochrane*, cuando en realidad todos sabían que se conmemorarían las bodas de plata del matrimonio formado por la princesa Isabel y el conde D'Eu.

Tres semanas antes del evento era imposible encontrar un solo traje de fiesta en las tiendas de Río. Los peluqueros tenían reservas con semanas de antelación, y las invitadas que consiguieron cita uno o dos días antes llegaron a permanecer sin dormir o bañarse para que no se deshiciera su peinado.

El diario *Tribuna Liberal* del 10 de noviembre de 1889 destacaba en un comentario sobre las joyas «el brillo y el frufrú de las sedas, los cuellos salpicados de brillantes, zafiros, esmeraldas y las diademas rutilantes de los peinados».

Por su parte, Desmoulins, el columnista del *Correio do Povo*, citó el mal gusto de muchos de los invitados y criticó a los hombres que permanecían en el salón con los sombreros ingleses de Wellicamp y del Palais Royal en la cabeza.

Las mujeres adquirieron sus vestidos en las sofisticadas tiendas de la Rua do Ouvidor, en el centro de Río, y se hicieron peinar por los peluqueros franceses de Casa A Dama Elegante, en la misma calle. En cuanto a los hombres, abusaron de las brillantinas inglesas de la Fritz Marck and Co., tanto en el cabello como en el bigote.

Únicamente los hombres de la corte y los militares tuvieron acceso a los barberos especializados en cortar bigotes *à la titlé* (muchacho inteligente), *chicard* (chic), *grognards* (soldados de la guardia napoleónica) y *rostillon* (cochero de carruajes de gala).

Según el *Jornal do Commercio* en su edición del 11 de noviembre de 1889, la isla Fiscal y el puerto Pharoux (de donde salían las barcas hacia la isla, actual Plaza XV) se transformaron en un escenario encantado, en el que *demoiselles* vestidas de hada y de sirena recibían a los invitados.

Se instaló un generador en la isla para suministrar de luz a centenares de globos y farolillos venecianos y chinos. Los focos de todos los barcos de los alrededores iluminaban el cielo.

La Confeitaria Paschoal, que servía a la familia real, se quedó con la mitad de la partida que iba a ser destinada a los damnificados por la sequía. Se contrató a 150 camareros, 48 cocineros, 60 ayudantes y más de 200 asistentes de limpieza. En la decoración se utilizaron 24 pavos reales disecados, que decoraban los ángulos de las mesas, gigantescos candelabros de plata y muchas flores. Esta es la lista de los ingredientes entregados en la isla:

- 3.000 SOPAS DE 22 VARIEDADES
- 50 PESCADOS GRANDES
- 800 LANGOSTAS
- 800 KILOS DE GAMBAS
- 500 BANDEJAS DE OSTRAS
- 100 LATAS DE SALMÓN
- 3.000 LATAS DE GUISANTES
- 1.200 LATAS DE ESPÁRRAGOS
- 400 ENSALADAS DIFERENTES
- 200 KILOS DE MAYONESA
- 800 LATAS DE TRUFAS
- 12.000 FRITURAS
- 3.500 PIEZAS DE CAZA MENOR
- 1.500 COSTILLAS DE CORDERO
- 1.300 POLLOS
- 250 GALLINAS
- 500 PAVOS
- 800 PERDICES
- 50 MACUCOS (PERDICES GIGANTES)

- 300 JAMONES
- 64 FAISANES
- 80 PATOS
- 12 CABRITOS
- 600 GELATINAS
- 300 PÚDINES
- 800 PLATOS DE PASTELERÍA
- 400 DULCES DE HUEVO HILADO
- 20.000 SÁNDWICHES DIVERSOS
- 14.000 POLOS
- 5.000 KILOS DE FRUTA
- 10.000 LITROS DE CERVEZA
- 188 CAJAS DE VINOS DIVERSOS
- 80 CAJAS DE CHAMPAGNE
- 10 CAJAS DE VERMUT FRANCÉS E ITALIANO
- 16 CAJAS DE LICORES Y COÑAC
- 100 CAJAS DE AGUA MINERAL

El ministro de Relaciones Exteriores, el vizconde de Cabo Frío, al tener conocimiento de que había pavos (*peru* en portugués) en la carta, se quedó preocupado por lo que pensaría la comitiva del Gobierno peruano, que estaba presente. Mandó entonces que escondieran las aves en la bodega y que no se sirvieran. La noticia se extendió, y un grupo de nobles señores sobornó al propietario de una embarcación para robar las aves, pero fueron descubiertos y detenidos por la policía.

Las estimaciones acerca del número de invitados presentes varían entre 3.500 y 5.000. Los diarios de la época quedaron escandalizados con su comportamiento. El ingeniero André Rebouças, el único invitado negro, comentaba al día siguiente: «¡Fue una bacanal!».

En la isla tocaban dos orquestas completas, aparte de otra que tocaba a bordo del *Almirante Cochrane* y de la Banda da Força Militar, que interpretaba polcas y lundús en el puerto para el populacho.

Las partituras se editaron con el sello de calidad de la Casa Buschman e Guimarães, responsable de la publicación del himno de Chile-Brasil, compuesto por Francisco Braga para saludar a los visitantes y canción obligatoria en las llamadas «fiestas chilenas», celebradas entre octubre y noviembre de 1889.

Los cuadernos de baile de las mujeres que se encontraron en la isla Fiscal después del baile, junto a ligas y corsés, revelan que la *pièce de resistance* fue una secuencia alternante en tres tiempos: fantasía, vals, minueto, vals, fantasía y vals nuevamente. La música de fondo era a base de fragmentos de óperas de Verdi, Boccherini, Waldteufel, Metra y Auber. Los cuadernos son una de las curiosidades de la época. En ellos, las damas anotaban el nombre de los caballeros con quienes se habían comprometido para bailar.

Los bailes comenzaron a las once de la noche, después de que la princesa Isabel y su marido, el conde D'Eu, llegaran —dicen que la princesa y su marido eran auténticos bailarines de vals. Sin embargo, se produjo una gran confusión cuando se descubrió que había demasiada gente y un solo baño para toda aquella multitud. Los caballeros no se intimidaron y usaron la orilla del puerto, pero las mujeres tuvieron que esperar a los criados que fueron mandados a toda prisa al continente para buscar baldes para colocarlos debajo de los vestidos.

A medianoche sonaron las trompetas, indicando que la mesa estaba servida. Pero el comportamiento de los invitados dejaba mucho que desear, y la familia real se vio obligada a abandonar la fiesta tras los postres. Pedro II, con su histórica frugalidad, ni siquiera comió. Nunca ocultó que tenía debilidad por el caldo de gallina con arroz que le servían en las tres comidas diarias, por lo que es muy probable que, cuando llegara al palacio, sorbiera su amado caldo.

El baile se prolongó hasta las seis de la mañana, hora en la que el equipo de limpieza inició sus tareas. De acuerdo con el informe del encargado, entre botellas, copas y platos rotos se encontraron 37 pañuelos, 20 sombreros de copa, 8 corpiños, 3 corsés de señora y 17 ligas.

Por motivos desconocidos, todas las fotos (Su Alteza Pedro era un entusiasta de la fotografía) realizadas durante el baile desaparecieron.

Para finalizar, esta es la receta del caldo que, según parece, Su Alteza tomó tras el baile; receta, por cierto, sencilla como él:

CALDO DE SU ALTEZA PEDRO II

Asar una gallina con su hígado, el cual, después de aplastado, se deja en un pequeño cuenco de mostaza preparada con antelación. Tras derretir medio arrátel [1 arrátel = 400 gramos] de tocino limpio de cortezas, freír en él 2 cebollas picadas y en la misma sartén añadir la mostaza mezclada con el hígado y freírlo todo de nuevo. Aderezar con pimienta, clavo, nuez moscada y cardamomo, de manera que quede bien picante.
Añadir caldo y arroz cocido. Una vez preparada esta sopa, disponer la gallina asada en trozos en el plato con la sopa y zumo de limón por encima.

Esta es la receta original de Domingos Rodrigues, que fue el cocinero de la abuela de Pedro II en Lisboa.

Aquí en Brasil, por preferencia del emperador, la gallina se sustituía por macuco, muy abundante en la época.

SOLO EL PAVO MUERE EN LA VÍSPERA...

Algunas veces me encuentro en situaciones en las que me siento como los viejos sambistas de Río de Janeiro que, al presenciar algún hecho cotidiano, decían: «Esto da para una samba...». Así, ante algún hecho culinario, me dan unas ganas enormes de contarlo a mis lectores, y pienso: «Esto da para una historia».

En las fiestas navideñas siempre sucede lo mismo. ¿Cuántas —y repetidas— veces no encontramos en estas fiestas un bello pavo asado? No hablo de uno bien preparado, lo cual es bastante difícil, pues su carne, por diversos motivos, tiende a secarse; solo hablo de un pavo servido.

¿Por qué esta ave lleva el nombre de diversos países en diferentes lenguas? En Portugal recibió el nombre de *peru* porque en el siglo XVI, que es cuando llegó allí, se le llamaba *galo do Peru*, al creer nuestros descubridores que el ave era originaria de ese país. Se aclaró la confusión, pero quedó el nombre. Por el mismo motivo, en francés lleva el nombre de *dinde* o *dindon*. Llegó a Francia con el nombre de *poulet d'Inde* (gallo de la India), y al contraerse la palabra quedó el nombre definitivo. Sobre el *turkey* inglés hay dos teorías. La primera tiene la misma raíz que las anteriores, es decir, por creer que la noble ave venía de Turquía le dieron el nombre equivocado, a pesar de que inicialmente se confundió con la gallina de Angola (en inglés, *guinea fowl*). Una segunda teoría cuenta que, al ser importado a Inglaterra por mercaderes judíos expulsados de España, el nombre derivaría del hebraico *tukki*, atribuido, en realidad, al pavo real.

Hablando del pavo real, ambos son primos directos, sí, y pertenecen a la misma familia de los faisánidos, de la cual forma parte el faisán. Todos estos primos tienen el hábito, para impresionar a la hembra, de abrir las plumas de la cola en abanico. Las plumas de pavo real son muy apreciadas por los humanos para adornos y fantasías de carnaval; las de pavo para plumeros y las de faisán para plumas de tinta, cuando existían.

El pavo, como no tiene las bellas plumas del pavo real, en la época de apareamiento muda el característico color rojo de su cuello y de su cabeza por un azul amoratado.

Aunque son menos bonitas que las de faisán, las plumas del pavo son abundantes. Un ave adulta llega a tener 3.500 plumas, distribuidas por un cuerpo que puede pesar entre 8 y 10 kilos y alcanzar hasta 1,20 metros de altura. Las aves criadas en granjas, con alimentación y cuidados especiales, llegan a los 15 kilos.

El pavo vuela, pero no es esta su especialidad; vuela mal y solo distancias cortas. Por otro lado, es un excelente corredor, capaz de alcanzar los 45 kilómetros por hora.

En realidad, nuestro querido amigo el pavo procede de dos diferentes regiones de México: Yucatán, donde el ave salvaje no pudo ser domesticada y acabó desapareciendo, y el norte, donde recibía el nombre de guajolote gallipavo y comenzó a ser domesticado hace unos 1.500 años.

Las referencias históricas indican que el primer europeo que tuvo contacto con el pavo fue Hernán Cortés, en su viaje de 1519.

En 1525 ya había granjas para la crianza de pavos en Italia; en 1530, en España; y en 1538, en Francia. De hecho, al contrario que los alimentos recién descubiertos del Nuevo Mundo, como la patata y el tomate –al principio rechazados–, el pavo fue aceptado de muy buen grado como sustituto de gansos y pavos reales, que se servían en ocasiones festivas. En el reinado de Isabel I el pavo ya era un ingrediente de las famosas tortas inglesas, y en 1615 el cocinero británico Gervase Markham causó furor al escribir que la mejor manera de servir pavo era asado con salsa de cebollas, vino clarete, zumo de naranja y cáscara de limón rallada.

En 1541, el puritano arzobispo Crammer colocó el pavo en su lista de pecados de gula.

Sucede que el animalito fue a Europa, se popularizó y sus recetas volvieron a América con los padres peregrinos, los fundadores de la patria norteamericana, que se reencontraron con él en las tierras que luego se convertirían en los Estados Unidos. De allí surgieron las tradiciones americanas relacionadas con el pavo.

Cuando fundó la nación, Benjamin Franklin propuso que el pavo fuera el símbolo del país en lugar del águila (la *bold eagle*). Para él, el águila era muy agresiva, y el pavo iba a representar mejor los objetivos pacíficos de los pioneros. Su idea fue descartada, y los tiempos modernos demuestran que, si había propósitos pacíficos, claramente fueron olvidados.

En 1621 los peregrinos acordaron agradecer al chef Squanto, de la nación indígena Wanpanoag, que les enseñara a plantar maíz en la región y a pescar las entonces abundantes anguilas que salvaron a los colonizadores de la muerte por inanición.

La celebración del final de la cosecha, en la última semana de octubre, duraba tres días. Es muy probable que no se sirviera pavo en esa ocasión, pero como entre europeos e indios era tradicionalmente considerada un ave festiva, fue incorporada al menú y se convirtió en símbolo del Día de Acción de Gracias, en agradecimiento a Di-s por sus dádivas.

El relleno es una cuestión fundamental en la preparación del pavo. Son clásicos la *farofa rica* en Brasil, las nueces y, principalmente, las castañas en Europa. Existe también la clásica preparación *souvaroff*, del siglo XVIII, con relleno de castañas y trufas para faisanes y pavos. Una curiosidad que seguramente proviene de los indios americanos es el relleno de ostras.

En 1635, en el libro *El cocinero francés*, de La Varenne, se recomendaba el relleno de ostras a la milanesa, champiñones, cebollas y hierbas, y en 1683 el libro holandés *El cocinero sensible* describe una deliciosa receta de pavo relleno de ostras, hierbas y rodajas de limón. Aunque clásicas, las recetas de relleno de ostras cayeron en desuso y actualmente solo se preparan en los Estados Unidos.

Con esta curiosa historia el pavo entró en las cocinas para quedarse, aunque sea poco consumido entre nosotros. Asar un pavo es algo trabajoso, principalmente porque su carne queda seca si no está preparada de forma adecuada.

Os transmito ahora algunos consejos para asar un pavo sin correr el riesgo de que la carne quede muy seca:

1. El relleno puede ser un gran enemigo: si por un lado, al ser asado junto con el ave toma el «saborcillo» del aderezo, por otro lado le roba mucha humedad. Lo ideal es rellenarla con hierbas, apio, rodajas de naranja sin piel, cebollas e hinojo y meterla en el horno. Una vez asada, se elimina el primer relleno, que se sustituye por la mezcla deseada.

2. La mezcla para el marinado es muy importante. Se aconseja dejar el ave marinando durante 24 horas, a la vez que se aplica el marinado cada dos horas con una jeringa inyectora de aderezos, sobre todo en la zona de la pechuga.

3. Triturar un bulbo de apio y colarlo en un paño exprimiendo bien la pulpa. Mezclar este zumo con mantequilla derretida o margarina y, con cuidado, antes de asarla, distribuir esta pasta entre la piel y la carne del ave.

4. Otra solución, aunque menos kosher, para resguardar la humedad del ave es lardearla, o sea, cubrir principalmente la pechuga con lonchas de beicon.

5. Asar el pavo siempre cubierto con papel de aluminio, y cada media hora bañarlo con el marinado, al mismo tiempo que se inyecta la mezcla en el ave. Cuando falten unos 10 minutos para terminar de asar, retirar el papel y, con un pincel, untar el pavo con una mezcla ligera de soja con ketchup para darle ese bonito color que se ve en las fotos de las revistas.
6. El pavo siempre se asa con la pechuga hacia arriba. El calor hace que los jugos suban y se distribuyan en la periferia. Con la pechuga hacia arriba, el ave quedará más jugosa.

Cuenta una leyenda campesina de los indígenas de São Paulo que el pavo real estaba muy triste por ser la más bella de las aves pero no poder volar. Por su parte, el buitre estaba deprimido por poder volar pero ser el ave más fea. Se encontraron los dos y llegaron a la conclusión obvia: se cruzarían y engendrarían así retoños con las mejores características del uno y del otro.

Así nació el pavo, que es feo y no vuela, pero es delicioso.

EL CALDO DEL OLVIDO

«Y, después de tomar el espeso caldo preparado por Meng-Po, el alma retorna como ser humano o animal, olvidando su pasado, a una vida nueva. Así es como está escrito».

Niang-Niang

Nosotros, los occidentales, siempre hemos presupuesto que las relaciones de los hombres con Di-s estaban descritas más que bien y resueltas en la Biblia y en el Corán, con pequeñas y piadosas concesiones al confucianismo y al taoísmo. Tendemos a olvidar que los orientales hace más tiempo que lidian con sus dioses del que nosotros llevamos lidiando con nuestro único Di-s.

Y, curiosamente, mediante un análisis más cuidadoso, es posible encontrar paralelismos interesantísimos.

Llegó a mis manos un artículo del excelente periodista peruano Jorge Salazar, que escribe sus *Crónicas gastronómicas* en diversos periódicos, referente al «caldo del olvido» chino. Investigué sobre dicho caldo y, al final, me vi rodeado de deidades, recetas de tés y comida, y descubrí algo bien divertido: el taoísmo, el confucianismo y el judaísmo mezclan comida y religión con la misma intensidad.

En la mitología china —es importante destacar que escribo sobre la mitología y no sobre la(s) religión(es)— hay un libro antiquísimo cuyo nombre vendría a ser algo así como *Niang-Niang*, que describe la creación del mundo por parte de una sola deidad, la cual después delegó tareas especializadas a dioses menores.

El Venerable Celeste del Primer Origen, Yuan-Shi-Tian-Zong, lo creó todo y después delegó al Señor de los Cielos la administración del Universo; y está escrito que llegará el día en el que, a su vez, este transmitirá dicha tarea a un sucesor, pero, mientras tanto, él es quien manda, con el nombre de Venerable Celeste de la Aurora, o Yu-Huang.

De esta forma, dioses menores, como la diosa Nu-Gua, fueron los encargados de crear a los hombres y a las mujeres a partir de lodo amarillo y arroz; el dios Shen-Nung se encargó de enseñarles la agricultura, y para ello inventó el arado; Zhang-Fei era el dios de los carniceros y enseñó el sacrificio ritual de los animales; la diosa Pan Jian Lian cuidaba de las prostitutas y enseñó al hombre a fornicar. Y al dios del destino, Si-Ming, se le encargó un trabajo especial: la custodia del Libro de la Muerte, en el que se inscribirían aquellos que iban a morir, y del Libro de la Vida, en el que se inscribirían aquellos que iban a vivir. Si-Ming llevaba un control detallado de las acciones de cada humano y, la víspera de Año Nuevo, se reunía con Yu-Huang para decidir en qué libro inscribían cada nombre.

Hoy en día, se sigue rindiendo culto popularmente a Si-Ming como a uno de los principales, si no el principal, dioses del hogar, con el nombre de Zao Jun. Se coloca una imagen suya encima de la chimenea o en la cocina (es considerado el protector de la cocina y de los cocineros, señor de los fogones), donde pueda tener una buena visión de las acciones de la familia. La víspera del Año Nuevo es costumbre extender miel sobre los labios de la imagen para que Zao Jun hable bien de la familia al Todopoderoso.

Ya que hablamos de Año Nuevo, el plato típico de esa noche es el *jai*, compuesto únicamente de raíces y fibras, entre las que deben incluirse:

RAÍZ DE LOTO - para garantizar la descendencia masculina;
GINKGO BILOBA - representa lingotes de plata;
BROTE DE BAMBÚ - como el bambú crece rápido, significa el deseo de que la felicidad llegue con prontitud.

No se toman alimentos de color blanco, que en esa cultura representa el duelo. También es costumbre comer un pescado, siempre guisado o asado entero, que representa la prosperidad.

En el sur de China se comía el *nian gao*, un gelatinoso pudin de arroz; en el norte, el *mantou*, pequeñas albóndigas de carne con masa de harina de centeno. La comida siempre estuvo muy presente en la vida cotidiana y religiosa del pueblo chino.

Todos los diversos dioses y festivales religiosos tienen, sin excepción, sus comidas y bebidas típicas específicas, que se preparan durante varios días para la ocasión.

La división básica de la cocina china es muy parecida a la judía, sin embargo la tradición es filosófica, no religiosa.

La esencia de la cocina china se divide entre *fan* —los granos y legumbres— y *ts'ai* —los vegetales y las carnes—. El gran secreto de la filosofía culinaria china es el correcto equilibrio entre *fan* y *ts'ai* y el hecho de no mezclarlos, sino combinarlos. En un plato que necesariamente deba contener los dos, como por ejemplo un *wonton* (empanadilla china), dichos ingredientes estarán juntos, pero cada uno en su exacta proporción y manteniendo su sabor.

En el *ts'ai*, por regla general, se utilizan múltiples ingredientes y sabores: normalmente estarán picados, rallados o cortados en cubos y mezclados en diferentes combinaciones de forma, sabor, color y aroma.

En el *fan*, las preparaciones son austeras, de sabores únicos, sin mezclas, con pocos condimentos y apenas algún acabado en la presentación del plato.

Se utilizan utensilios distintos para la elaboración de uno y otro, y no deben mezclarse. La base del *ts'ai* es el *ts'ai kuo* (también conocido como *wok*) y la base del *fan* es el *fan kuo* o hervidor de arroz. El cuchillo y el hacha de cocina, de diferentes tamaños, se distribuyen entre el *fan* y el *ts'ai*. El pescado y los huevos se consideran neutros.

Confucio estaba muy interesado en el arte culinario y en la cocina. En sus enseñanzas se contemplan la etiqueta culinaria, la función social de la comida, la presentación en la mesa e incluso el comportamiento en la cocina. Creía que un buen cocinero debía ser un buen alquimista y también saber mezclar varios ingredientes y sabores, manteniendo la esencia de cada uno. Insistió mucho en la importancia de la textura y del color en la presentación del plato. Además de eso, afirma que no vale la pena crear el mejor de los platos si no es para compartirlo con los amigos y la familia. Para los chinos, la comida y los amigos son inseparables. Confucio describía el hecho de disfrutar de una comida como uno de los pilares que contribuyen a la paz y a la armonía de la sociedad.

Esa devoción y seriedad para con la cocina hicieron que, por ejemplo, en el palacio del emperador Chou Li, donde trabajaban más de 20.000 empleados, 4.000 se dedicaran exclusivamente a los aposentos del emperador, y que de estos casi el 60% (exactamente 2.271) se ocupara únicamente de las comidas o las bebidas.

No es de extrañar, pues, que durante la dinastía Qing se inventaran los banquetes Manchu Huan, en los cuales, por razones políticas, debían servirse platos de todas las regiones dominadas o conquistadas por el emperador. Resultado: ¡banquetes de hasta 200 platos!

¿Podéis creerlo?

Por lo tanto, en vuestro próximo viaje a Pekín haced una reserva con antelación en el Restaurante Fangshan, situado en el Parque Beihai. Desde 1925, sus banquetes Manchu Huan son servidos en un majestuoso edificio, y los orígenes de su cocina se remontan al propio palacio imperial, en la Ciudad Prohibida. Podéis disfrutar del banquete repartido en tres comidas a lo largo del mismo día o en días diferentes.

Hasta el momento solo hemos hablado del mundo de los vivos y nos hemos apartado del tema que originó toda esta historia, el «caldo del olvido», así que entremos en el mundo de aquellos que fueron inscritos por Zao Jun en el Libro de la Muerte.

Según la mitología china, «la vida» de un muerto no era nada fácil. Este pasaba a ser un alma, y su juicio duraba 49 días, durante los cuales habitaba en la ciudad del dios de los muros y las fosas, un lugar con muchos funcionarios y tribunales (algo que me trae la imagen de una de nuestras oficinas públicas…), donde era auxiliada y defendida por la diosa Abida.

Dependiendo de su sentencia inicial, podía ser o no azotada, y pasaría al juicio final del rey Yama, quien decidiría si aquella era un «alma justa», que iría a uno de los ocho paraísos, o un «alma pecadora», que iría a uno de los diez infiernos.

De los paraísos, solo me gustaría deciros que su nombre era «La Tierra de la Extrema Felicidad de Occidente», donde las almas se distribuían de acuerdo con sus virtudes y posición social en la Tierra y gozaban de libertad y felicidad eternas.

En cuanto a los infiernos, la burocracia era más complicada. Según su falta o su crimen, el alma era enviada a un determinado infierno. Así, por ejemplo, el segundo infierno, un enorme lago de hielo gobernado por el rey Chu Jiang, estaba destinado a los ladrones y asesinos; el tercer infierno, un mar de fuego gobernado por el rey Sog Di, era para los rebeldes y para aquellos que hubieran tenido un comportamiento antisocial; el cuarto infierno, un lago de sangre gobernado por el rey Wu Gan, para los malhechores y estafadores; el quinto infierno, del que no existe descripción, estaba gobernado por el noble Yan Lo, el rey de los muertos, que castigaba los crímenes de olvido, y así sucesivamente.

Las almas eran castigadas y purgaban sus culpas hasta que, en un determinado momento, eran enviadas al décimo infierno cuando estaban listas para volver a convivir con los humanos, a cuyo mundo podían retornar como animales o como seres humanos. Es importante destacar que, aun volviendo como animales, no perdían sus sentimientos humanos, es decir, sufrían como humanos pero no podían expresarse como tales.

Una vez escogida la forma de reencarnación, el alma se dirigía a la «Rueda de las Migraciones», de donde retornaba para convivir con los humanos. Sin embargo, a la salida del décimo infierno, en una pequeña cabaña, vivía la diosa Meng-Po, o simplemente *lady* Meng, cuya función era cocinar el «caldo del olvido», que todas las almas debían ingerir antes de partir, motivo por el cual nadie consigue recordar sus vidas pasadas.

No se conoce antídoto para el «caldo del olvido» y se sabe que solamente Buda, tras muchos años de meditación, consiguió conocer sus vidas pasadas.

Cuenta la leyenda que, a pesar de que la receta de este caldo era siempre la misma, su sabor variaba según el alma que lo ingería: a las almas de «clase alta» les sabía dulce; a aquellas menos cualificadas, amargo; a las indiferentes, ácido; a las pecadoras, salado.

La receta es, naturalmente, desconocida y controvertida. Una teoría dice que el caldo, en realidad, sería un té con agua extraída de fuentes purísimas de todo el mundo y con cinco hierbas mágicas, una de las cuales se supone que sería el *suanzaoren*, pero no se sabe si se usaban sus semillas *(ren)* o su cáscara seca *(suan)*. Nosotros lo conocemos como *azufaifo (Zizyphus jujuba)*, y sus pequeños frutos, según parece, tienen un poder sedativo e hipnótico si se toman en forma de té. Otra teoría defiende una postura más *fan*, afirmando que la receta consistía en la cocción de una serie de harinas en grasa (una especie de *roux* claro), enriquecida con higos frescos y *suanzaoren* y agua extraída de diversas fuentes de agua pura. Sea como sea, el alma retornaba sin recordar sus vidas pasadas, lista para nuevos sufrimientos.

Es curioso, pero cuando leo sobre un solo Di-s que lo creó todo, sobre libros de la vida y de la muerte, sobre cocinas separadas y ese tipo de cosas, tengo una increíble sensación de *déjà-vu*. Y pensar que todo esto fue escrito unos mil años antes de la Biblia...

EL CERCO DE PARÍS

En septiembre de 1870, las tropas de Napoleón III fueron derrotadas por los prusianos de Bismarck en la batalla de Sedán, y, de este modo, el camino hacia París quedó abierto para los invasores.

El gran maestro Escoffier, emperador de los cocineros, cuenta en sus memorias que nunca en la historia del hombre se vio algo igual:

> «*Las tropas en retirada empezaban a llegar. La caballería pisoteaba los jardines. Los soldados acampaban donde podían. Extranjeros, comerciantes y aristócratas huían de la ciudad con sus maletas de dinero... El estruendo de los cañones se hacía cada día más intenso*».

El sitio, en efecto, marcó varios hitos en la historia militar. Por primera vez se utilizaron cañones antiaéreos; en realidad, los cañones que la Krupp había presentado al mundo en el mismo París durante la

Exposición Universal de 1867 y que eran utilizados contra los globos aerostáticos, también de reciente invención, usados por los sitiados para intentar salir del centro de la batalla, transportar heridos o llevar provisiones a la ciudad.

Se implantó también un ingenioso sistema de correspondencia por medio de palomas mensajeras. Las palomas eran llevadas fuera de la ciudad mediante globos aerostáticos (a Tours, a 200 kilómetros, y a Poitiers, a 300 kilómetros) y, desde allí, asignadas en vuelos de regreso para mensajes y pequeños paquetes.

El hecho es que las provisiones se fueron terminando. De nuevo, las memorias de Escoffier:

> *En Voisin, el gerente Bellanger había llenado su sótano de todo lo que podía conseguir en términos alimentarios, incluidos conejos vivos, aves en jaulas y hasta tanques con peces. Sin embargo, en diciembre esos lujos ya se habían terminado y hasta la carne de caballo era una rareza. Uno de sus menús de diciembre ofrecía:*

> *Puré de lentejas*
> *Sardinas en aceite*
> *Vol-au-vent*
> *Lomo de cocker spaniel*
> *Alubias blancas y frijoles*
> *Naranjas*

Es obvio que a muchos les sorprenderá el lomo de *spaniel*, pero era una buena elección si se consideraba el misterioso relleno del *vol-au-vent*.

La crisis llegó hasta tal punto que el Jardín de Aclimatación, donde estaba situado el Zoo de París, sin dinero para alimentar a sus animales, empezó a venderlos para su sacrificio.

Se desencadenó entonces una fiebre irracional por la comida exótica en algunos restaurantes de la ciudad, dispuestos a todo para atender la locura de sus clientes.

El chef Alexandre Étienne Choron, del citado Voisin, inventor de la salsa *Choron* (bearnesa mezclada con un concentrado de tomate y reducida posteriormente), se hizo tristemente famoso por sus exóticas creaciones culinarias, como la Trompa de Elefante a la cazadora, la Cabeza de Asno rellena, o incluso la *Terrine* de Antílope con trufas.

Una curiosidad: César Ritz, el mítico creador de los conocidos hoteles y socio de Escoffier, era uno de los camareros del Voisin en ese período.

La voracidad de los caníbales llegó hasta tal punto que *Castor* y *Pollux*, los dos simpáticos elefantes del zoo, fueron sacrificados y vendidos a los carniceros por aproximadamente 30 francos el kilo, para acabar después en los menús del Voisin. Algunas cartas de la época incluían descabelladas creaciones, como Camello asado a la inglesa, Gato asado con salsa de ratones o Costillas de oso con salsa *poivrade*.

En este libro celebro la alegría de vivir y de comer, pero de vez en cuando vale la pena contar historias como esta para, una vez más, constatar hasta dónde pueden llegar la maldad, la lujuria y la codicia, aunque el destino final sea la festiva mesa de un restaurante.

SI ME OLVIDARA DE TI...

«Aquel que por acción u omisión descuide una sola palabra de su aprendizaje de la Torá, transgredirá una prohibición. Los sabios debatirán si el transgresor ha infringido un mandamiento, tal vez dos, o incluso tres prohibiciones».

(B. Menahot 99b)

El olvido es un fenómeno humano. Dicen los científicos que los animales no olvidan, aunque solo sea porque la complejidad de su memoria y de sus recuerdos es mucho menor.

El ser humano, por el contrario, tiene un complejo sistema de memorización y recuerdos, que acaba por hacernos olvidar algunas cosas por el camino.

Actualmente, el olvido tiende a ser perdonado y aceptado como un fenómeno inherente al ser humano que tendría que ver, por ejemplo, con la edad. Es así, ¿no? Bueno, digamos que es una verdad a medias, pues no todos los olvidos son perdonados. Olvidar una palabra de la Torá es un pecado, un gran pecado: «Aquel que olvide una palabra cualquiera de sus estudios de la Torá habrá arruinado su vida» (M. Avot 38).

Imaginemos la siguiente escena, que muy probablemente se habrá repetido en innumerables *yeshivas* de Mainz, Praga, Cracovia, Roma, París y por toda la Europa medieval: en una pequeña sala, fría y pobremente iluminada con velas, están sentados, de un lado, el joven estudiante, Yankel, y del otro, el rabino, el sabio del Talmud, repasando un pasaje, supongamos, de la *Gemara*. El sabio pregunta a Yankel cuál era la opinión del rabino Hayim o si este no se había pronunciado sobre ese tema.

Yankel carraspea y sacude la cabeza. Solo salen murmullos de sus labios.

Por su parte, el rabino dice con filosofía:

—Estudie más, estudie mucho más. Entonces puede que no vuelva a necesitar más su *baladur*.

En ese momento, el estudiante sufre un impacto al recordar que se olvidó de hacer la mezcla de *baladur* de ese día y, lo que es peor, al recordar su sabor.

La eterna lucha entre Yefefiah, el príncipe de la Torá (Sar ha-Torah), y Hashikheah, el ángel del olvido (Sar ha-Purah), refleja la enorme preocupación de nuestros sabios por el estudio y la memorización de la Torá.

El trabajo de Purah empieza muy pronto. Cuenta la leyenda que, en los nueve meses que el niño pasa en el vientre materno, se le enseñan los secretos de la creación y toda la Torá. Sin embargo, en el momento de su nacimiento, Purah aparece, le toca los labios con la punta de los dedos y todo eso queda olvidado. Quedan solo ecos en el corazón del niño, ecos que nos hacen asimilar mejor la Torá de adultos, pues, a fin de cuentas, estamos repasando algo que ya sabíamos.

Pero la invocación de Yefefiah no solo aleja a Purah sino que nos induce a fórmulas nemotécnicas y nos alienta a estudiar mejor y almacenar conocimientos.

La preocupación por el olvido del estudio de la Torá era tan grande que en el Talmud pueden encontrarse listas de actos que nos inducen a olvidar (Horayot 13b y Tashbets Katan 287):

- Comer algo que fue mordisqueado por un gato o un perro
- Comer el corazón de un animal
- Comer olivas antes de hacer el aceite
- Beber el agua sobrante del lavado
- Lavarse ambos pies al mismo tiempo
- Usar piezas de ropa como almohada
- Vestir dos piezas de ropa al mismo tiempo
- Limpiarse las manos en la propia ropa

Fijaos que la mayoría de estos hábitos tiene que ver con la pereza o con la prisa, y de ella son ejemplos, en un intento de mostrar a los alumnos que la pereza y la prisa son los mayores enemigos de la memoria y el estudio.

Como parte de todas esas leyendas y mitos sobre el olvido, surgió el *baladur*. Mezcla mítica, con innumerables recetas que pasaron de sabio en sabio durante generaciones, el *baladur*, o *pequeño baladur*, como se le acabó llamando, debió de ser inventado por los árabes como valiosa ayuda para la memoria y acabó llegando a las *yeshivas* en la Edad Media. Especialmente en Alemania, donde la tradición de la enseñanza oral era más fuerte, el *baladur* era legendario.

El término se tradujo al español como *anacardo*, que quiere decir *nuez*, en concreto *nuez de cajú*.

La familia de las *Anacardiaceae* (*ana* significa 'igual' y *cardia*, 'corazón') tiene cerca de 800 especies de plantas, entre ellas el anacardo, el mango, el jobo, el ciruelo, el pistacho, el zumaque y la pimienta rosa, que es el fruto del falso pimentero.

Conjuntamente, esta familia presenta en casi todas sus plantas una savia, el *urushiol*, que provoca reacciones altamente alérgicas en la piel y el organismo. Su nombre viene del japonés *kiurushi* —árbol de la laca—, un árbol cuya savia, llamada *urushi*, es conocida como *laca japonesa*.

En Brasil son bien conocidas las quemaduras en la piel que puede provocar la savia del anacardo. A propósito, una recomendación para quien vaya a comer anacardo directamente del árbol: en primer lugar, mucho cuidado con la savia en la piel y su exposición al sol. En segundo lugar, nunca mordáis el anacardo por el lado al que estaba agarrado al árbol, sino por el lado opuesto, por donde queda la nuez. Notaréis que, de esa manera, «se agarra» menos a la boca. La razón, aunque todavía poco conocida, es obvia: el conducto por el que pasa el *urushiol* está del lado de la unión al árbol y no del lado de la nuez.

Por su parte, la pimienta rosa, tan de moda últimamente por su color y aroma únicos, tiene un alto índice de trementina, de la que las resinas son su mayor fuente, y puede causar algún malestar a las personas alérgicas o sensibles.

Volviendo a la historia, el médico inglés John Lindley, en su obra *Introduction to the Natural System of Natural Botany* (1831), y el francés Julien J. Virey, en el *Bulletin de Pharmacologie* (1814), divulgan estudios cuya tesis se basa en que la nuez de cajú sería un valioso potenciador de la memoria, algo que aparentemente los árabes y los estudiantes de las *yeshivas* ya sabían.

Las recetas de *baladur* son innumerables y curiosas. Estas son las tres más famosas en Alemania:

> *Comed anacardos durante nueve días, empezando con seis y añadiendo seis cada día. O comed un anacardo con semillas de pimienta, comenzando con una semilla y doblando el número cada día, hasta llegar a 256 semillas al noveno día. Antes de comerlas, recitad en Deuteronomio 33:8-11 y Salmos 119:9-16.*

Reproduzco aquí ambos pasajes por si alguien quiere mejorar su memoria:

Deuteronomio 33:8-11

A Leví, él (Moisés) dice: Da, oh Di-s, tu Tumim y tu Urim al hombre que te es fiel, al que tú hiciste pasar por la prueba de Masah, por la contienda en las aguas de Meriba; quien dijo de su padre y de su madre: «Nunca los he visto»; y no reconoció a sus hermanos, e ignoró a sus hijos. Ellos guardaron tu palabra y velan por tu alianza.

Ellos enseñarán tus normas a Jacob y tu ley a Israel, pondrán el incienso frente a ti y el holocausto sobre tu altar.
Bendice su poder, oh SEÑOR, y recibe las obras de sus manos, hiere los lomos de los que se levantan contra él y lo odian, para que nunca más se levanten.

Salmos 119:9-16
¿De qué manera podrá el joven conservar puro su camino?
Observando tu palabra.
Con todo mi corazón te busqué; no dejes que me aleje de tus mandamientos.
Guardo en el corazón tus palabras para no pecar contra ti.
Bendito eres tú, SEÑOR; enséñame tus preceptos.
Con los labios he enumerado todas las normas de tu boca.
Me he regocijado más con el camino de tus testimonios que con todas las riquezas.
Meditaré tus preceptos y respetaré tus senderos.
Me alegro con tus decretos y no me olvido de tus palabras.

Y, por último, aún hoy no se sabe bien si la más utilizada receta de *baladur* es una ayuda para la memoria o un castigo para el olvido:

Moler clavos, pimienta roja, dátiles, jengibre, raíz de galanga y anacardos en igual cantidad. Añadir un chorrito de aceite hasta que se forme una pasta y comerlo todas las mañanas antes del desayuno.

Quien quiera probarlo, que lo haga a voluntad. Los historiadores no cuentan si los estudiantes tomaban *baladur* todos los días o si solamente lo hacían cuando les fallaba la memoria o lo ordenaba su maestro. A juzgar por sus componentes, tener un estómago de acero sería condición *sine qua non* para estudiar la Torá. En cualquier caso, nos quedamos con este interesante relato de cómo la comida, la religión, los mitos y las tradiciones se funden de un modo indeleble en el judaísmo.

EL GANSO MARISCO

Los judíos de Europa siempre tuvieron una predilección especial por el ganso. Elemento esencial del *Schmaltz* y el *Gribene*, plato de gala del *Janucá*, los judíos siempre criaron gansos y gallinas, ya fuera por tradición o porque resultaban fáciles para el sacrificio ritual. Si había cualquier imperfección en el animal, el rabino local lo percibía y valoraba de inmediato, lo cual no era probable que sucediera con animales de mayor tamaño.

Sin embargo, nuestra historia es sobre un tipo especial de ganso, el ganso marisco, o la barnacla cariblanca *(Branta leucopsis)*, un ave que vive en las regiones árticas y migra en invierno hacia las costas de Inglaterra, Escocia e Irlanda para procrear o alimentarse.

Cuando migran, estos gansos suelen alojarse en árboles y troncos en las paredes rocosas de la orilla del mar. Los padres no alimentan a los hijos, que tienen que descender de las ramas para comer algas y plantas, ya que literalmente pacen.

Estos peculiares hábitos dieron lugar a una leyenda que durante un buen tiempo acabó convirtiéndose en una verdad. Se decía que estos gansos nacían de la savia de los árboles situados a la orilla del mar o en troncos flotantes, y que estaban envueltos por un caparazón parecido al percebe (su nombre en inglés, *barnacle*, viene a ser nuestro percebe, de nombre científico *Cirripedia*, un molusco de cáscara muy dura que se adhiere a los cascos de los barcos y a las piedras) y se quedaban presos en la madera por el pico. Cuando ya habían desarrollado el cuerpo y tenían plumas, o bien caían en el agua y salían nadando o simplemente salían volando.

Al final, la leyenda se extendió hasta las enciclopedias y los tratados de zoología...

El venerable Bede, padre de la historia inglesa, decía en el *De natura rerum* del año 675 que «el ganso Barliata crece en la madera podrida por el mar y se cuelga de su pico hasta que un día se suelta y vuela...».

Giraldus Cambrensis, conquistador de Irlanda e investigador, fue más allá: «[...] He visto muchas veces con mis propios ojos más de mil de esas aves colgadas de un tronco a la orilla del mar, encerradas en sus caparazones ya formados».

Las dudas sobre este origen llevaron a algunos sacerdotes a permitir que sus fieles comieran ganso marisco en los períodos de abstinencia de carne, lo que hizo que el propio Giraldus Cambrensis afirmara en otro texto «científico» que, dado que el ganso no era carne, podía ser consumido por los judíos como pescado.

Todos corrieron a preguntar a los rabinos si esta afirmación era correcta, y se iniciaron una serie de investigaciones y respuestas (se llamaba así la respuesta de un rabino) sobre el tema. Una de las más curiosas fue la del rabino de Inglaterra, que decía que incluso era posible que el ganso no fuera ave, pero que, ciertamente, si creíamos en la tesis de Giraldus, debería ser un molusco y, por lo tanto, no kosher. El asunto evolucionó de tal modo que llegó a ser discutido en el cuarto Concilio de Letrán, en el año 1215, cuando el papa Inocencio III declaró que, si no provenía de un ave pero vivía y se alimentaba como tal, entonces ese ganso estaba prohibido en los períodos de abstinencia.

En el sector judío, el propio Joseph Caro llegó a hablar de este debate en el *Shulhan Aruch* (Yoreh De'ah, 84, 15), así como Moses Shem Tov en el *Zohar* (iii, 156), en el que relata el viaje del rabino Aba, que vio a dichos gansos colgados de las ramas. En otros ámbitos se constatan innumerables responsas sobre el tema, y la mayoría de ellas concluyen, dada la naturaleza de ave del increíble ganso marisco, que sigue considerándose un ave y frecuentando las mesas católicas, judías y de otras religiones en los períodos correspondientes, sacrificándose de forma correcta.

OLEUM EX ALBIS OLIVIS

Brasil debe entrar en el selecto club
de productores de olivas y aceite, para alegría de
nuestros *gourmets* y *gourmands*.

Suelo leer los suplementos rurales de varios periódicos, porque son una excelente fuente de información sobre ingredientes y técnicas que acaban ayudando en la cocina. Pues bien, el último suplemento rural que leí decía que los olivos de la Fazenda Experimental de Maria da Fé, en Minas Gerais, empiezan a arrojar una producción industrial y una calidad que permiten creer que dentro de diez años el país tendrá su producción de aceitunas de mesa y de aceite.

Curiosamente, la Empresa de Investigación Agropecuaria de Minas Gerais (Epamig) escogió la ciudad por ser la más fría del estado, ya que los olivos precisan del contraste calor y frío para crecer mejor. Siempre pensamos en el origen mediterráneo del fruto solo en términos del calor, pero el frío es muy importante en el resultado de su sabor y textura.

Hay que destacar la excelente labor que están haciendo empresas como Epamig, Embrapa, Emater y otras similares con el fin de crear variedades e ingredientes nuevos, adaptando ingredientes extranjeros en Brasil, en pro de una gastronomía mejor, más saludable y más variada.

Las variedades que mejor se han adaptado y que deben mejorar son el *grappolo* (originaria de las colinas de Pistoya, cerca de Florencia), para producción de aceite, y la *ascolana* (que lógicamente viene de la región de Ascoli), para producción de aceitunas de mesa. La *grappolo*, llamada así porque fructifica como racimos de uva, es una aceituna que madura más rápido y con menos hueso. La *ascolana*, sobre todo la gigante, es considerada una de las más sabrosas del mundo, con un toque afrutado, excelente para la cocina y para conserva. Una receta clásica y típica de la región sugiere que se rellenen las *ascolanas* gigantes con salami o carne picados, se rebocen y se frían, y así obtendremos un delicioso manjar. ¡Estoy ansioso por probar nuestras aceitunas y nuestro aceite virgen extra!

Brasil es el sexto mayor importador de aceite del mundo, mundo en el que hay una producción absurda de aceites y aceitunas. Se obtienen 18,5 toneladas de aceitunas y 3,9 millones de toneladas de aceite anualmente (datos de 2009), procedentes de 750 millones de olivos, el 95 % de los cuales en países mediterráneos.

En lo que concierne a las aceitunas, el ranking está liderado por España, que produce 5,6 millones de toneladas anuales, seguida de Italia (3,5 millones), Grecia (2,3 millones), Turquía (1,5 millones) y Túnez (1,2 millones).

En cuanto al aceite, la primera es España con 1,3 millones de toneladas y después vienen Italia (600.000), Grecia (400.000), Túnez (200.000) y Turquía (170.000).

Curiosamente Portugal solo produce 346.000 toneladas de aceitunas y 39.000 toneladas de aceite anuales.

Si nos referimos al consumo, ganan los griegos, con un consumo de 25 kilos de aceite por habitante/año, seguidos de los españoles (15), italianos (13), portugueses (7) y sirios (6). Brasil consume 150 gramos por habitante/año, es decir, el equivalente a dos días de consumo de los griegos.

El aceite y las aceitunas son viejos compañeros del hombre. Según las excavaciones arqueológicas y las citas históricas, los olivos prácticamente han existido desde el principio de la humanidad.

En la región norteafricana de Relihai, se encontró madera de olivo petrificada de la era paleolítica. En Mongardino (Italia), también se encontraron hojas petrificadas fechadas en la era del Plioceno, lo que nos permite remontarnos 2 millones de años, más o menos entre el *Homo habilis* y el *Homo erectus*.

Según parece, los olivos provienen de una región situada entre Siria e Israel, de donde se extendieron hacia la cuenca mediterránea y posteriormente a todo el mundo.

Como curiosidad: los olivos llegaron a las Américas con Cristóbal Colón, que los plantó en el Caribe; sin embargo, su cultivo no se sistematizó hasta el siglo XVII, cuando los españoles de Sevilla los introdujeron en el Caribe y luego en toda América. En 1650, el capitán Diego Alvarado plantó los primeros olivos en Argentina. Pero, en 1870, Carlos III de España mandó destruir todos los olivos de las colonias españolas, preocupado por la posible competencia. Solo sobrevivió un árbol y se encuentra en Arauco, provincia de La Rioja argentina; y hasta hoy sigue produciendo aceitunas. Los argentinos lo llaman cariñosamente «el viejo olivo de Arauco» y fue declarado monumento nacional del país.

No faltan por el mundo olivos centenarios y milenarios, empezando por los que están en el Jardín de Getsemaní (de la expresión bíblica *gat shemanin* (prensa de olivas) de Jerusalén, que probablemente estuvieron presentes en las reuniones de Jesucristo con sus apóstoles en ese mismo lugar. O el único ejemplar que hay en el paradisíaco archipiélago de Brijuni, en Istria (Croacia), que según se ha comprobado tiene 1.600 años y todavía produce 30 kilos de aceitunas al año, que dan 6 litros de uno de los aceites más caros del planeta. El aceite de Istria ya era famoso en el Imperio romano, hasta el punto de que el propio Apicio lo elogió más de una vez en su inmortal *De re coquinaria* con la frase que da título a este capítulo (*Oleum ex albis olivis*, procedente de aceitunas verdes).

En los municipios árabes de Arraba y Deir Hanna, en Galilea (Israel), podemos encontrar cinco olivos con 3.000 años de edad, mientras que en la localidad de Santo Baltolu di Carana, en Cerdeña, se encuentra el *S'Ozzastru*, como lo llaman los lugareños. Es un olivo de 3.800 años que en la década de los setenta se partió por la mitad debido a un temblor de tierra pero que, gracias a los cuidados que recibió, sigue vivo e imponente, con su copa de 22 metros cuadrados.

Las palabras *oliva* y *olivo* aparecen más de 30 veces en la Biblia, y entre ellas destaca la que cita la rama de olivo que la paloma llevó a Noé tras el diluvio. Igualmente se nombran en el Corán y en el Libro de Mormón. También se encontraron hojas de olivo en el túmulo de Tutankamón. Homero ya las citaba en la *Odisea*. Horacio decía que debía su buena salud a una dieta de aceitunas, endivias y malvas.

Asimismo, a los reyes y a los atletas victoriosos siempre se les ungía con aceite.

En la disputa entre Palas Atenea y Poseidón por ser la deidad de Atenas, cada uno de ellos debía presentar una creación que fuera beneficiosa para la humanidad. Poseidón trajo un caballo y Atenea venció con una rama de olivo.

Los reyes David y Salomón crearon lo que podríamos denominar las primeras empresas públicas de la historia dedicadas a la producción y distribución de aceite y vino, en las que había también una brigada particular de guardias que fiscalizaba la plantación, la producción y la recolección. Es una buena idea que podrían adoptar los gobernantes actuales.

Dentro de su enorme imperio comercial, los fenicios organizaron divisiones especializadas en aceite para el comercio y crearon plantaciones de olivos por toda la región del Mediterráneo con el fin de acercar la producción al consumo.

El Monte Testaccio, o *Monte dei Cocci*, está en Roma. Mide unos 50 metros de altura y es el resultado de la acumulación de unos 20 o 25 millones de ánforas que, durante los siglos I, II i III, y procedentes de las provincias, llegaron a la capital del Imperio romano cargadas de aceite de Oriente.

Y todo ello para que celebremos la futura llegada de las aceitunas y el aceite brasileño. He aquí la receta de la legítima *tapenade* inventada en el siglo XIX por el chef Meynier de La Maison Dorée de Marsella. Su nombre deriva de la palabra *tápeno*, o alcaparra.

TAPENADE

200 G DE ACEITUNAS NEGRAS SIN HUESO PICADAS
100 G DE ANCHOAS DE LATA BIEN LAVADAS Y DESALADAS
150 G DE ALCAPARRAS TAMBIÉN DESALADAS
100 G DE ATÚN EN ACEITE, DESMIGADO
½ TAZA DE TÉ DE ACEITE VIRGEN EXTRA
1 CUCHARADA SOPERA DE MOSTAZA DE LA BUENA
1 PIZCA DE FINAS HIERBAS (MEZCLA DE PEREJIL, ESTRAGÓN, CEBOLLINO Y PERIFOLLO BIEN PICADOS)
½ COPA DE COÑAC

- En un mortero (¡nunca en la batidora!), echar las anchoas y hacer una masa con ellas. Luego añadir las aceitunas y las alcaparras y machacarlo todo lentamente. Agregar el atún y seguir machacando, y añadir el aceite hasta obtener una masa homogénea.
- Aderezar con mostaza y coñac y mezclarlo bien.
- Espolvorear la mezcla con las hierbas y servirla con tostadas o chapata caliente.

PIERRE POIVRE, EL LIBERTADOR DE LAS ESPECIAS

La increíble historia del verdadero Indiana Jones, que vivió en el siglo XVIII, a quien tanto debe la cocina occidental y de quien tan poco se sabe.

El día 23 de agosto de 1719 nacía Pierre, hijo de Hilaire Poivre y Marie Pompalier, modestos comerciantes de tejidos de la ciudad de Lyon.

Antes de que el lector desarrolle ninguna teoría, el nombre de la pimienta no es un homenaje a Pierre (en verdad viene del latín *piper*, y este del griego *peperi*, que a su vez proviene del sánscrito *pippali*, siempre con el significado de 'grano'); en portugués, igual que en español, la palabra deriva del latín *pigmenta*, plural de *pigmentum*, con el significado de 'colorante' o 'zumo de la planta'. Por lo tanto, el nombre de nuestro héroe nada tiene que ver con la pimienta. Como mucho, podría ser que algún antepasado lejano hubiera sido mercader de especias.

En este caso que nos ocupa se trata del destino mismo, destino trazado por el nombre, o mejor dicho, por el apellido.

Con el destino trazado o no, el joven Pierre ingresó, a los 9 años, en la congregación de los Hermanos Misioneros de San José, en la colina de la Croix-Rousse, una orden religiosa cuya misión era evangelizar a los pueblos llamados «paganos». A los 20 años ya era novicio en el Seminario de las Misiones Extranjeras, en el que se preparaba para la tarea misionera. A los 21, embarcó para su primera misión con destino a China. Durante el larguísimo viaje estuvo en contacto con el gran terror de la época, el escorbuto (una deficiencia de vitaminas en el organismo, especialmente de vitamina C), que llegaba a diezmar hasta dos tercios de la tripulación de un barco.

Recién llegado a Guangzhou (Cantón) fue hecho prisionero junto con todos los misioneros y los pocos tripulantes que habían sobrevivido al viaje. Durante su estancia en la prisión aprovechó para aprender chino, y acabó convirtiéndose en interlocutor de los prisioneros para dialogar con las autoridades, que finalmente lo liberaron. Viajó a Macao (en China), a Hoy An (en Conchinchina, en el actual Vietnam), intentando realizar su obra misionera, pero más tarde él y sus superiores descubrieron que le interesaban más las plantas y los alimentos, que las personas y su conversión.

En uno de sus primeros escritos habla de las maravillas del arroz de montaña, una especie históricamente plantada en Oriente y que requiere mucha menos irrigación que el arroz de regadío. El joven Pierre se preguntaba cuántas personas de las colonias francesas podrían ser alimentadas de esa forma, pero su mayor fascinación eran las especias. ¿Por qué no cultivarlas en sus propias colonias?

La respuesta era obvia: porque los holandeses y los portugueses, detentores del monopolio de la pimienta, la canela y la nuez moscada, las guardaban como su mayor tesoro.

El robo de una semilla o de un esqueje era castigado con la muerte, y la tentativa de plantar cualquier especia era inmediatamente impedida por una invasión militar, fuera donde fuese. Que se lo digan si no a los judíos de Cochín, de la costa Malabar, en la India, que fueron prácticamente exterminados por los portugueses por intentar comercializar la pimienta.

Las semillas exportadas se sumergían en agua hirviendo o en cal, para que perdieran su capacidad de germinar. Al ser la cal un poderoso insecticida y bactericida, aún hoy la nuez moscada sigue recibiendo este tratamiento.

Sea como fuere, los superiores de Pierre, decepcionados con su trabajo, lo enviaron de vuelta a París, y fue expulsado de la congregación.

Tal como ocurriera con Linneo, Jussieu y Darwin, la humanidad perdió un religioso y ganó un botánico.

A los 25 años, Pierre ya disponía de un bonito herbario, y realizaba estudios constantes sobre hierbas y especias. De nuevo lo acometió el virus de la aventura y de las especias y embarcó de nuevo con destino a Oriente.

La nave fue atacada por un barco inglés, y una bala de cañón le arrancó la mano. Pierre declararía más tarde que sin la mano no podría volver a dar jamás la bendición, así que quizás no debería haberse hecho religioso.

Se despertó de su pesadilla en el navío inglés y fue desembarcado en Batavia (antiguo nombre de Yakarta, en Indonesia). De ahí fue a la India, donde intentó, sin éxito, establecer un almacén de especias, y una vez más regresó a Francia.

Por el camino se detuvo en la isla Mauricio y logró, no se sabe cómo, convencer al gobernador francés del lugar, Monsieur Boudonnais, para que creara una plantación de especias en la isla, a condición de que Pierre convenciera a la Compañía Francesa de las Indias Orientales de que invirtiera en el lugar.

Zarpó nuevamente hacia París en un barco francés que fue destruido en la costa de Angola por una tormenta. Rescatado por un barco holandés, pensó que en adelante todo iría bien. Días después, el barco fue atacado por piratas de Saint-Malo y nuestro héroe fue hecho prisionero. Una semana después el barco pirata fue hundido por un barco inglés y nuestro prisionero cambió de manos, yendo a parar a la prisión de Guernesey, en el canal de la Mancha.

Finalmente, en 1748, cuatro años después, Poivre llegó a París, con apenas 29 años de edad y aventuras para más de cien.

Al año siguiente, el valiente Poivre se encontraba a bordo de un barco con destino a Conchinchina, con la misión de establecer allí un almacén.

Utilizando mil y una artimañas, sobornos y robos se apoderó de esquejes de canela, pimienta y otras especias, e inmediatamente después se dirigió a Mauricio con el fin de guardar esos tesoros. Posteriormente se trasladó a Manila a la caza de más esquejes, principalmente de mirísticas, los árboles de la nuez moscada.

Volvió a Mauricio con cinco esquejes, conseguidos a precio de oro, y los entregó al botánico Fusée-Aublet, director del Jardín de Aclimatación, para que fueran plantados y cuidados.

Pocos meses después, en mayo de 1754, salió en expedición oficial de la Compañía de las Indias hacia las islas Molucas. La historia se repitió una vez más: escorbuto, ataques de piratas y rebelión a bordo por falta de alimentos. Y, para colmo, no pudieron llegar a las Molucas y fueron a parar a Timor.

Allí la suerte sonrió a Pierre, que se fue con 3.000 semillas de nuez moscada, regalo de la mujer del propietario local (siempre las mujeres, como la historia de Melo Palheta y nuestro café). Al volver triunfante a Mauricio, supo que sus primeros esquejes habían muerto y, poco tiempo después, que las 3.000 semillas tampoco habían germinado. Hasta que descubrió que Fusée-Aublet había saboteado sistemáticamente su proyecto, regando los esquejes y semillas con agua templada y vinagre.

En 1758, con 40 años y de vuelta a Francia, un tanto desilusionado, se instaló en su ciudad natal. Fue elegido para la Academia de Ciencias y recibió un título nobiliario y 20.000 libras de plata del rey Luis XV por los servicios prestados a la patria.

Con la quiebra de la Compañía Francesa de las Indias en 1766, sus tierras fueron devueltas al rey, quien invitó a Pierre a ser el intendente de Mauricio.

Al año siguiente, nuestro héroe, ya con su esposa Françoise Robin, partió con destino a sus amadas islas. Al llegar equipó las naves *Vigilant* y *Étoile du Matin* para una expedición a las Molucas, en busca de especias.

A fuerza de tiros, batallas, sobornos y negociaciones, la expedición volvió cargada de esquejes, y el poder lusoholandés fue definitivamente quebrantado en 1772, cuando los barcos *Île de France* y *Nécessaire* volvieron de sus expediciones con millares de esquejes de árboles de nuez moscada, pimienta, clavo y canela.

Por precaución, los esquejes fueron plantados no solo en Mauricio, sino también en las islas Reunión y Seychelles, así como en la Guayana.

En 1778, una bella ceremonia, seguida de un almuerzo «para todos los habitantes de la isla», según el relato de la época, marcó la cosecha de la primera nuez moscada francesa, que fue entregada en mano por el gobernador al rey Luis XVI.

Durante el tiempo que pasó allí, Poivre creó el Jardín Botánico de los Pomelos o *Jardin Botanique des Pamplemousses*, una verdadera obra maestra que aún en la actualidad se considera uno de los jardines más bellos del mundo, además de ser la principal atracción de Mauricio. Por todo el mundo se recogieron especias diversas que fueron llevadas allí, entre ellas nuestra mandioca y el nenúfar gigante del Amazonas, plantado en un lago.

Pero la relación con Brasil no acabó aquí.

En 1808, una fragata gobernada por el navegante portugués Luís de Abreu Vieira e Silva naufragó en las costas de Goa. Algunos supervivientes fueron rescatados por los ingleses y llevados a Sudáfrica, donde embarcaron para Brasil. De nuevo la historia se repite: la tripulación fue atacada por la flota francesa, que los llevó prisioneros a Mauricio.

El valiente capitán Vieira e Silva no solo consiguió huir, sino también robar del bello jardín cuatro mirísticas, cuatro aguacates, dos lichis, diez esquejes de pomelo, tres caneleros y semillas de sagú (no del sagú que comemos, que en realidad es mandioca), acacia, árbol del pan y areca (que fue conocida entre nosotros como palmera imperial porque fue plantada por el rey Juan VI).

Sabemos los números exactos porque la exagerada burocracia portuguesa lo registraba todo, lo que nos lleva a reflexionar sobre lo mucho que de ellos hemos heredado...

Filosofía barata aparte, el valiente capitán llegó a Río de Janeiro y donó sus esquejes al rey Juan VI, que con ellos inició el Real Horto (Jardín Real), llamado más tarde Real Jardim Botânico do Rio de Janeiro.

Volvamos, sin embargo, a nuestro héroe, que en 1772 regresó a Lyon con su mujer e hijas y, después de una vida honrada, aventurera y fructífera, murió en 1786, a los 66 años.

En sus memorias póstumas, dictadas por su mujer al amigo y confidente Pierre Samuel-Dupont, es descrito como un científico aventurero, con gran respeto por la naturaleza y amor a la humanidad, que incluso durante su período de intendente en la isla Mauricio, publicó las primeras leyes sobre la conservación de la naturaleza de las que se tiene conocimiento y, sobre todo, abolió la esclavitud en la isla.

Françoise acabó casándose con Dupont, el cual, por los servicios prestados a la Corona, recibió el título nobiliario de Dupont de Nemours.

La Revolución Francesa y su época del Terror los obligaron a huir a los Estados Unidos con su único hijo, Éleuthère Irénée du Pont de Nemours, un químico que trabajaba con Lavoisier.

En América, el joven creó una pequeña fábrica de pólvora, punto de partida de la empresa DuPont, cuya historia reciente es bien conocida.

He aquí la saga de un héroe poco conocido. Gracias a él nuestras mesas y cocinas están perfumadas con el embriagador aroma de las especias.

Su vida fue emocionante; sus hechos, notorios, y sus actos y descendientes dignificaron su memoria, con consecuencias en tierras lejanas como Brasil y Estados Unidos.

Cuando alguno de vosotros, lectores, vaya a saborear un buen dulce con clavo y canela, un delicioso cocido con nuez moscada o incluso un delicioso asado con laurel, eneldo y mostaza, acordaos de agradecérselo al buen Pierre Poivre.

LOS PODERES MÁGICOS DE LA COCINA

«Fue Rubén, en los días de la cosecha de trigo, y halló mandrágoras en el campo, y las trajo a su madre Lea. Entonces Raquel dijo a Lea: "Dame, te ruego, de las mandrágoras de tu hijo"».

(Génesis, 30:14)

Hasta principios del siglo XIX, la cocina afrodisíaca siempre tuvo cabida en el judaísmo.

Tanto en la Torá como en el Talmud encontramos un sinfín de citas, sustancias y recetas. Alcachofas, almendras, remolachas, cebollas fritas —tal vez eso explique su elevado uso en nuestra cocina—, granadas y muchos otros alimentos que se mencionan varias veces por sus propiedades especiales. También aparecen otros ingredientes como sesos de pájaro, cresta de gallo, grasa de ternera, testículos de zorro (no se sabe a ciencia cierta si deben tomarse en sentido literal o bien se refieren al sobrenombre de una fruta), que actualmente nos llevarían más a una vida de celibato que al éxtasis.

Sea como fuere, eficaces o no, estos centenares de ingredientes y recetas, tomados de las tradiciones griega, romana, árabe o germánica, reflejaban una visión muy peculiar de los estudiosos judíos.

Cuando pensamos en afrodisíacos, siempre pensamos en virilidad, y en incremento del deseo. Sin embargo, una lectura atenta de nuestros sabios y comentaristas pondrá de manifiesto que su visión estaba primordialmente centrada en la fertilidad y la procreación, rechazando el uso del afrodisíaco para obtener más placer del necesario en el acto sexual procreador. La lujuria siempre fue y seguirá siendo un pecado; la fertilidad, en cambio, es una bendición.

De nuevo nos encontramos con la división fundamental entre *sefardí* y *asquenazí*. Los judíos de Oriente Medio solían tratar ese asunto de forma mucho más libre y natural que los de Europa, donde se trataba como un secreto con tintes mágicos.

Un curioso códice del siglo XV, escrito en yiddish, contiene las recetas de 408 pociones para garantizar una noche de sexo, 528 pociones para garantizar el amor, 547 pociones para garantizar la fidelidad duradera de una esposa, 547 pociones para garantizar que la mujer de un hombre no desee a otro y, asombraos, ¡1.204 pociones para garantizar que vuestra pareja visite con frecuencia vuestra cama!

Una de las más sencillas y curiosas se basa únicamente en leche kosher:

Para el amor, usa la leche de una vaca lactante kosher y lávate la cara con ella. El mismo día vendrá a visitarte un ángel y tus palabras serán escuchadas y tus deseos, satisfechos.

Otra extraña receta recomienda dormir sobre repollos cosechados antes del alba, combinados con una serie de artículos no comestibles:

Si quiere influir en la mujer que le ha sido destinada para ocupar su cama, tome un repollo cosechado antes del alba, una teja de la casa de la mujer, paja y un poco de tierra.

Cuando se acueste, póngase el repollo debajo de la cabeza y la teja encima del cuerpo y esparza la tierra y la paja por su cama diciendo: «Teja que cubres mi cabeza, repollo que me despiertas, yo os desafío, en nombre del Señor, Di-s de Israel, a que atraigáis a mi amor para que juntos podamos beber hidromiel y vino».
Un ángel se la traerá y le mostrará su forma en la tierra.
Y cuando quiera que se vaya, diga: «Yo desafío a que se vaya, en nombre de Miguel, Rafael y Gabriel». Y ella se irá.

Estas son solo dos muestras de cómo se tradujo y se resumió en yiddish la mezcla de tradiciones y de supersticiones de diversos pueblos en ese curioso códice medieval.

Por cierto, respecto al hidromiel, probablemente la bebida fermentada más antigua que conoce el hombre (el vino de miel, como se conocía en la Antigüedad), los sumerios ya reconocían sus propiedades y, en época de los romanos, existía la tradición entre los recién casados, con el fin de garantizar que el primer hijo fuera varón, de beber hidromiel y hacer el amor en la primera luna llena después de la boda, período conocido como *la luna de hidromiel*, de la cual deriva la expresión *luna de miel*.

Con todo, no fue solo gracias a las tradiciones y supersticiones por lo que los alimentos afrodisíacos lograron resistir en la historia judía, ya que se ha constatado que existen una serie de comentarios talmúdicos y postalmúdicos sobre las mandrágoras que, junto con el versículo del *Génesis* que figura en la introducción del capítulo, reflejan la preocupación de nuestros sabios por el tema.

El gran Rashi (1040-1105) definía la mandrágora como un tipo de jazmín con propiedades especiales.

El rabino Abraham Ben Ezra (hacia el año 1120) exaltaba las propiedades del aroma de las mandrágoras según lo descrito en el *Cantar de los Cantares* 7:14: «Las mandrágoras exhalan su perfume, los mejores frutos están a nuestro alcance: los nuevos y los añejos, amado mío, los he guardado para ti».

Namánides (hacia el año 1150) no solo cuestiona la visión de Rashi sino que afirma que Rubén llevaba los frutos a su madre, para perfumar el ambiente, ya que ella quedó embarazada por voluntad de Di-s y no por la acción de un afrodisíaco. Para ello, según el sabio, habría sido preciso que él llevara las raíces de la planta, pues recuerdan a la forma humana y tienen una acción «especial» sobre los humanos. Este hecho fue corroborado por el rabino Jacob Ben Asher alrededor de 1320.

En su comentario, Ba'al Haturim demuestra que la palabra *duda'im* ('mandrágora') tiene el mismo valor numérico que la palabra *ke'adam* ('como el hombre'), y reconoce su semejanza con la forma humana y sus peculiares poderes.

Alrededor de 1850 el rabino Meier Loeb Ben Yechiel Michel, el gran Malbim, afirma que Rubén llevó las *duda'im* a su madre para que ella tuviera más hijos, pues no estaba contenta con solo uno. El debate sobre este pasaje sigue en el Talmud (Sanedrín 99b):

> *¿Qué son las duda'im? Rashi dice que son* yabruchi *(mandrágoras); Leví dice que son* siglis *(cipreses), y el rabino Yonathan dice que son* sabiski *(flores de la mandrágora).*
> *El rabino Baruch Halevi Epstein, conocido como Torah Temimah (1860-1942), afirma que los tres nombres se refieren a flores diversas que exhalan un delicioso aroma, como se afirma en otros fragmentos del Talmud (Berakhot 43b), y que no necesariamente tenían «poderes especiales».*

Siguiendo con el Talmud, leemos en Baba Kamma 82a que un hombre debería aprovechar las cinco grandes propiedades del ajo, consumiéndolo los viernes, pues «mantiene la temperatura corporal, ilumina el rostro, aumenta y espesa el semen, mata parásitos intestinales y promueve el amor, a la vez que elimina los celos».

En Kethubot 65a se describe el poder estimulante del vino:

> *Una copa de vino es buena para la mujer, dos son degradantes; si toma tres, estará ofreciéndose públicamente; y, si toma cuatro, podrá ofrecerse hasta a un burro callejero.*

El rabino Yohanam cuenta que un elixir elaborado con tres partes de cártamo (una especie de azafrán molido y cocido en una parte de vino le devolvió su «vigor de la juventud» (Gittin 70a).

Terminemos con el gran Maimónides (1135-1204), que escribió un *Tratado sobre el vigor sexual*, destinado a un ilustre cliente anónimo a quien denomina *exaltado maestro (mawlā)* y en el que se denomina a sí mismo *su servidor (khadim)*. En dicho tratado responde a las dudas y resuelve los problemas del maestro.

Empieza recomendando una actitud mental positiva al escoger pareja; qué parejas escoger y cuáles evitar; comidas recomendables y perjudiciales; una rutina para el baño, masajes y aplicación de ungüentos que mantendrán las extremidades del cuerpo calientes y aumentarán el tiempo de erección.

E incluye una receta infalible, atribuida al gran médico y sabio persa Avicena, que debería tomarse tras los baños:

Halvá para aumentar el vigor sexual

Sésamo tostado con cáscara, semillas de *eruca* (una variedad de rúcula) y semillas de melón: 2 onzas de cada

Piñones, pistachos y almendras: 2 onzas de cada

4 litros de miel filtrada

(1 onza = 28,35 g)

Freír todos los granos con aceite de sésamo y añadirle miel. No utilizar el fuego muy vivo para no perder las propiedades de los ingredientes. Cuando se enfríe, la masa se transformará en *halvá* [una pasta dulce]. Disolver en 3 onzas de buen vino aromático y beber después del baño.

Esta es la receta secreta de Avicena que Maimónides reveló al mundo en el siglo XII. No cuesta nada probar... ¿Quién sabe qué puede pasar? Con el tiempo se vio que Maimónides tenía razón en todo lo que afirmó...

EL RENACIMIENTO TAMBIÉN EN LA COCINA

Uno de los períodos más ricos y creativos de la historia humana ha sido poco tratado desde el punto de vista culinario. Como todas las demás artes, también la gastronomía despertó de las tinieblas medievales.

Si algún día vais a Roma y visitáis el Trastévere con la intención de viajar al pasado judío de la ciudad (dicho sea de paso, uno de los *yishuv* más antiguos que se conocen), os recomiendo que vayáis a comer al Da Giggeto Al Portico, donde podréis degustar las verdaderas *Carciofi alla Giudia* o las *Fiori di Zucca* (flores de calabaza) rellenas de queso, anchoas y fritas a la milanesa. O que cenéis en el Piperno, un restaurante abierto en 1860, y hasta hoy regentado por la familia Mazzarella, cuya gran especialidad es la *Vignarola*, un rehogado divino de lechuga, guisantes y alcachofas.

Uno de los caminos más rápidos para llegar al Trastévere es por el puente Garibaldi, desde donde, por cierto, hay una vista preciosa de la isla Tiberina, un encantador islote situado en el río Tíber.

Cuando entréis en el puente, debéis saber que estáis cruzando un «camposanto gastronómico». En ese lugar, hacia la embocadura del mismo puente, existió en el pasado la iglesia de SS. Vicenzo ed Anastasio alla Regola, consagrada a los cocineros y panaderos, cuya cofradía mantenía la iglesia, y en ella celebraba sus reuniones y festejos, hasta su destrucción en el siglo XVIII. Sin embargo, lo que aquí nos interesa es que, precisamente por estar dedicada a los cocineros, en 1577 se enterró en ella el cuerpo de Bartolomeo Scappi, uno de los nombres más importantes y menos estudiados de la historia de la gastronomía.

Nuestra historia empieza en el 1500, año de referencia para datar el inicio del Renacimiento y año estimado del nacimiento de Scappi. El mundo sufría profundas transformaciones y el dinero proveniente del comercio con Oriente financiaba una revolución en las artes, las costumbres y el pensamiento humano.

El Renacimiento marca el final definitivo del feudalismo y la edad de las tinieblas sacando de nuevo a escena los patrones clásicos griegos y situando al hombre como centro del mundo. Su momento culminante tiene lugar en el siglo XVI, en el que se extiende de Italia a España y Portugal y después a toda Europa. El enorme flujo de dinero proveniente del comercio financió y propició que pintores, escultores, inventores, científicos y aventureros se embarcaran en uno de los mayores brotes creativos de la historia de la humanidad. Galileo, Colón, Gutenberg, Miguel Ángel y Da Vinci (véase el capítulo «*Arts Gratia Artis*»), son algunos de los ejemplos de esta premiada cosecha de genios renacentistas.

El descubrimiento de la imprenta facilitó la difusión del saber, y así empezaron a circular los libros por toda Europa. Por ejemplo, *Le Viandier* de Taillevent, un manuscrito del siglo XIV que llegó a ser el primer *best seller* de cocina de la historia, con ediciones sucesivamente agotadas, y que extendió su influencia por Europa para acabar convirtiéndose en una obra fundamental de cocina.

Platina de Cremona publicó en 1474 *De Honesta Voluptae et Valetudine* (El libro del placer honorable y de la buena salud), mucho más que un libro de recetas (ciertamente, contiene pocas recetas): un manual de comportamiento y etiqueta en la mesa centrado en el acto social de comer y en la salud de los comensales.

Erasmo de Rotterdam publicó en 1530 *De Civitate Morum Puerilium* (Sobre los modales de los niños), que establece definitivamente la urbanidad y el civismo como parámetros del ser civilizado, con énfasis en las buenas maneras y en el *externum corpum decorum*, la apariencia individual como un distintivo del ser civilizado respecto del no civilizado, o, en palabras del propio Erasmo, la forma de distinguir las capas sociales superiores de las inferiores.

La influencia de estas ideas en la cocina y la gastronomía es definitiva. Actitudes feudales como compartir la bebida del mismo vaso, cortar con la daga o la espada, tomar la comida con las manos o hacer «sonidos» corporales pasaron a ser recriminadas. Aparecieron, entonces, el cuchillo de mesa, el tenedor, la fuente para alimentos, los cuencos y los armarios.

En el marco histórico de la boda de Enrique II de Francia con Catalina de Médicis llegaron de Venecia, junto con la dote de la reina, diversas recetas que influyeron en la gastronomía de toda Europa. También con Catalina llegaron los vasos de cristal de Murano y el hábito de utilizar un vaso para cada bebida.

Con la necesidad de las fuentes y los cuencos llegó la porcelana. Los grandes orfebres y escultores de Italia, acostumbrados a crear obras de arte para sus reyes, como el histórico salero de oro que Benvenuto Cellini hizo para Francisco I, comenzaron a experimentar con nuevos materiales. Así, algunos artesanos de la ciudad de Faenza descubrieron cómo esmaltar piezas de barro cocido, y de este modo abarataron la producción y aumentaron las posibilidades de las nuevas piezas.

Fue entonces, en medio de este bullicio, cuando en 1500 se calcula que nació Bartolomeo Scappi en Bolonia. Poco se sabe de su vida hasta abril de 1536, cuando, al servicio del cardenal Lorenzo Campeggio, preparó un magnífico banquete para el emperador del Sacro Imperio Romano, Carlos V.

Empezó su carrera en el Vaticano trabajando para el papa Pablo III y después serviría a cinco papas más. Cabe destacar que entre los años 1534 y 1541, cuando Pablo III llamó a Miguel Ángel para acabar la decoración de la Capilla Sixtina (cuya primera fase transcurrió de 1508 a 1512 por encargo de Julio II) y el genial artista pintó la escena del Juicio Final en la pared posterior al altar, los dos maestros estuvieron trabajando juntos en el mismo palacio, uno en la capilla y el otro en la cocina.

De este período proceden buena parte de las recetas e investigaciones de Scappi, que culminaron con la publicación de su libro en 1570.

Después de Pablo III, sirvió a Julio III, Marcelo II, Pablo IV, Pío IV y Pío V, y en su libro, el cocinero relata minuciosamente el recuerdo que cada uno de estos pontificados dejó en él.

A la muerte de Pablo III, el cónclave para elegir al nuevo papa duró tres meses. Scappi describe no solo los menús servidos, sino también las medidas que se tomaron para que ni mensajes secretos ni venenos llegasen a los cardenales junto con la comida, además del personal y el equipo necesario para las comidas.

Al convocar la tercera fase del Concilio de Trento, Julio III exigió a la cocina menús extraordinarios, que Scappi describe también con detalle.

Con un pontificado de apenas 21 días, Marcelo II causó una profunda impresión en nuestro cocinero debido a su visión humanista del mundo.

Pablo IV fue odiado por el pueblo y por Scappi, que no lograba atender sus demandas de comida frugal a horas intempestivas.

Pío IV, al finalizar el Concilio de Trento, dio a nuestro cocinero la posibilidad de elaborar fantásticas cenas, que por desgracia no están descritas y casi no se mencionan en el libro.

Pío V fue un papa severo y frugal, de quien Scappi habla con mucho cariño: «A pesar de ser extremadamente frugal y austero en cuanto a los excesos culinarios, no podía resistirse a las perdices rellenas con piñones. Se levantaba a las 10 de la mañana y tomaba leche recién ordeñada, mazapán y tres o cuatro de mis perdices».

En 1570 Scappi publica la magistral *Opera dell'Arte del Cucinare*, una verdadera enciclopedia de cocina, con 1.200 páginas divididas en seis volúmenes.

En el primer volumen inicia un diálogo con un alumno imaginario (Giovanni) sobre las responsabilidades de un cocinero, los enseres de cocina y cómo reconocer y comprar buenos ingredientes.

El segundo libro incluye textos sobre carnes y salsas, además de valiosas recetas de menudillos, y relata hechos curiosos, como por ejemplo la sobrealimentación a la que los judíos sometían a los gansos para conseguir hígados dos o tres veces mayores que los habituales.

El tercer libro, o *libro quadragesimale* (relativo a la Cuaresma), versa sobre pescados, huevos y vegetales; habla de las comidas del Nuevo Mundo, como frijoles y calabazas; elige el queso parmesano como el mejor queso del mundo, y presenta una novedad, aparentemente divulgada por él: el queso mozzarella.

El cuarto libro, o *dellimbandire le vivande*, es una colección de menús por estación e ingredientes disponibles, incluido el famoso menú del banquete de Carlos V.

El quinto libro está dedicado a las harinas, masas, pizzas y brioches. Aquí cabe destacar la influencia de la invasión árabe en las recetas de arroz, cuscús y estofados.

El sexto y último libro presenta recetas específicas para enfermos y convalecientes, así como adaptaciones de recetas del libro para estas mismas personas.

La obra está ilustrada con 28 esplendorosas xilografías que muestran detalladamente cómo debe ser una cocina y sus utensilios, además de otros pormenores técnicos. Aquí aparece por vez primera la ilustración de un tenedor como instrumento necesario para la buena mesa.

En resumen, no se olvidó de nada. En el libro hay consejos sobre cómo servir o qué es más adecuado para cada tipo de comida o ceremonia, además de una descripción detallada de la organización y el personal de una cocina y el material y equipos necesarios para cada evento.

El rigor técnico y científico con el que Scappi trata la cocina hace que algunos estudiosos lo hayan apodado «el Copérnico de la gastronomía».

Todo lo que sabemos sobre los descubrimientos, la creatividad y el ingenio del Renacimiento está reflejado, por lo que respecta a la gastronomía, en la maravillosa obra de Bartolomeo Scappi. Buena parte de la *Opera de Bartolomeo Scappi* —tal como fue conocida— ha sido traducida [*Del arte de cocinar*, Gijón, Trea, 2004] y recomiendo leerla con avidez: es un retrato de la grandeza humana hecho a partir de la cocina; incluso una persona no interesada en el arte culinario quedará maravillada con este genio que influenció a toda la cocina de Occidente y cuyas ideas, teorías y técnicas han llegado hasta el siglo XXI.

EL BANQUETE DE LOS ALCALDES

En la edición de *The New York Times* del 23 de septiembre de 1900 apareció la noticia exclusiva del «Monster Feast in Paris», celebrado el día anterior. A continuación, la verdadera historia del mayor banquete de todos los tiempos.

Hace más de 2.800 años Asurnasirpal, el poderoso rey de Asiria, organizó el mayor banquete de la historia para celebrar la inauguración de su palacio en Kalhu. Fueron diez días de comilona para 69.574 invitados (véase el capítulo «El mayor banquete de la historia»). Este hecho, sin embargo, no le quita méritos históricos al banquete de París ni hace desmerecer a un periódico tan serio como *The New York Times*. Debemos hacer apenas una ligera rectificación histórica.

Era el año 1900, en el cambio de siglo. Flaubert había dicho que el siglo XVIII había descubierto el placer y el XIX tenía que crear el trabajo para mantenerlo. La Exposición Universal de París inaugurada el 14 de abril de aquel año era un retrato fidedigno de la época. Los países que asistían mostraban sus avances industriales, entre ellos el uso de la electricidad, bien para justificar el colonialismo, bien para garantizar las materias primas necesarias para el bienestar en Occidente.

Habían sido construidas obras maestras como la Torre Eiffel o el Petit Palais para celebrar la efeméride y la grandeza de la creación humana. La ciudad inauguró su red de metro así como su sistema de iluminación eléctrica, y el mundo entero quedó deslumbrado.

Era pues, en este contexto, que el presidente Loubet había decidido reunir a todos los alcaldes de Francia y sus colonias en una cena histórica.

La fecha se fijó para el día 22 de septiembre, con cuatro meses de anticipación, y se contrató a la prestigiosa empresa Maison Potel et Chabot para organizar el evento. Como curiosidad, la Maison sigue existiendo hoy en día tras 180 años de trayectoria y sigue siendo una de las mejores empresas de organización de eventos y *catering* de Francia.

Tras un intenso trabajo logístico, se escogió el lugar para el encuentro: el Jardín de las Tullerías.

Allí se montó una carpa de 35.000 metros cuadrados donde se colocaron 7 kilómetros de mesas para 30.000 invitados (22.295 alcaldes, con sus séquitos y acompañantes...).

Doce cocinas repartidas en un radio de cuatro kilómetros prepararon la comida y la bebida en comunicación con el salón de banquetes y a través de un sistema telefónico montado por el ejército (recordemos que el teléfono era un invento muy reciente). Además, 40 ciclistas llevaban y traían mensajes y paquetes de poco volumen. Otra novedad de la época: dos automóviles trasladaban a los chefs a cada punto para dar el último toque a los platos y la *mise en place*.

El total de trabajadores contratados fue de 9.866, de los cuales 3.000 eran camareros, 3.600 cocineros y ayudantes de cocina, 300 lavaplatos y 1.000 maîtres.

La cantidad de ingredientes era interminable:

- 1.500 FAISANES
- 2.500 PATOS
- 2.500 GALLINAS
- 3.000 KILOS DE SALMÓN
- 4.000 KILOS DE FILET MIGNON
- 50.000 PANECILLOS
- 700 TARROS DE MOSTAZA
- 1.500 QUESOS DE CAMEMBERT
- 2.500 LITROS DE MAYONESA
- 1 TONELADA DE AZÚCAR
- 33.000 BOTELLAS DE VINO TINTO Y BLANCO
- 7.000 BOTELLAS DE CHAMPÁN

Algunos de estos ingredientes se utilizaron para elaborar el siguiente menú:

Hors d'oeuvre variés - No están registrados los entrantes concretos que se sirvieron. Teniendo en cuenta la lista de ingredientes y las costumbres de la época, probablemente se presentaron canapés fríos con gambas, champiñones con crema de mostaza y salmón ahumado.

Darnes de Saumon glacées Parisienne - Una tajada gruesa de salmón (la palabra *darne* proviene del bretón *dam*, que significa 'pedazo') cocida en caldo de pescado y recubierta con *aspic*, mayonesa espesa y menestra de verduras.

Filet de Boeuf en Bellevue - Tiras de *filet mignon* cocidas en caldo espeso y condimentado, y servidas en *aspic*. Debe su nombre al castillo de Bellevue, donde Madame de Pompadour preparaba estos platos para Luis XV.

Pains de Canetons de Rouen - El pato francés más famoso y clásico, asado, desmigajado y servido con masa de pan y salsa espesa a base de alas y patas.

Poulardes de Bresse rôties - La pularda de Bresse es la única del mundo que tiene denominación de origen controlada (DOC). Su raza tiene características únicas, como por ejemplo los colores, que corresponden a los de la bandera de Francia: cresta roja, plumas blancas y patas azules. La receta clásica es simplemente asada. El gran Escoffier no lograba encontrar otra forma de prepararla, y anotó: «Añadir simplemente sal, pimienta, romero y lonchas de beicon. Nada más».

Ballotines de faisan Saint-Hubert - Se deshuesa el faisán por completo y se rellena con sus vísceras aliñadas y condimentadas con hierbas. Se ata todo el cuerpo y se envuelve en un paño para cocerlo a fuego muy lento. Se sirve en lonchas con una salsa espesa y verduras al vapor. El nombre de Saint-Hubert designa platos que contienen trufas o puré de trufas en el relleno.

Salade Potel - Una ensalada de vegetales cocidos y enfriados, aliñados con una vinagreta a base de ajo, vinagre de vino tinto y mostaza suave.

Glaces Succés

Condés - Frutas conservadas en diversas bebidas y servidas con hielo picado.

Postres

Como podemos observar, el menú estuvo a la altura del grandioso evento si tenemos en cuenta los pocos medios de conservación y cocción que había en la época. Sería imposible abastecer a tal multitud con comida caliente y elaborada, de ahí que el menú priorizara los platos fríos —si bien muy refinados—. Cualquier responsable de *catering* actual evitaría la mayonesa por el riesgo que supone el uso de huevos crudos. Afortunadamente no se registró ningún incidente gastrointestinal.

Estos fueron los vinos que se sirvieron:

Preignac
Saint-Julien
Haut Sauternes
Beaune
Margaux Jean Calvet 1887
Champagne Montebello

La cena duró cuatro horas y el presidente se retiró, en medio de una gran ovación, al cabo de dos horas.

Solo hay constancia de un incidente: cuando el alcalde antisemita de Algiers quiso iniciar un discurso sobre el tema y fue discretamente desalojado del local. Otros tres alcaldes (probablemente campesinos que no habían salido nunca de sus pueblos, según la prensa de la época) quedaron tan exageradamente abrumados que tuvieron que ser atendidos por los servicios médicos.

«... CONDIMENTADO CON SAL, PURA Y SANTA...»
(Éxodo, 30:35)

La historia y la trayectoria de la sal
precede a la historia del hombre.

Las evidencias paleontológicas muestran que los animales prehistóricos ya buscaban sal mineral para lamerla con el fin de mantener el equilibrio entre sodio y potasio, fundamental para la vida. Es más que probable que el hombre, al carecer de estos instintos, haya aprendido a consumir sal como los animales.

El caso es que la sal es el condimento y conservante más antiguo conocido por el hombre. En el 2700 a.C., es decir, hace 4.700 años, en China, Peng-Tzao-Kan-Mu escribió el primer tratado de farmacología conocido, en el que describía 40 tipos diferentes de sal y, como mínimo, dos métodos de extracción y refinado.

Por su importancia para la vida humana, la sal es argumento de historias, fábulas, cuentos y leyendas. Sus significados y simbolismos son incontables en religiones y mitos de todos los pueblos del planeta.

El hombre necesita reponer entre 5 y 10 gramos de sal por día para mantener su equilibrio fisiológico. Eso representa de 1,8 a 3,6 kilos por año, es decir, que la humanidad consume, al menos anualmente, entre 11 y 12 millones de toneladas de sal. Obviamente todo este consumo no es solo de sal natural. La reposición de sal también proviene de los alimentos que ingerimos, como la carne. Sin embargo, estamos hablando de la reposición mínima necesaria, pues el consumo total es bastante superior, ya sea como condimento, como ingrediente o para uso industrial. La producción mundial se calcula en 225 millones de toneladas. Solo en los Estados Unidos se utilizan anualmente 15 millones de toneladas de sal para el deshielo y control de la nieve en las carreteras.

Hay muchas evidencias históricas de que la sal ha sido un elemento importante en la economía mundial: la Via Salaria, que se extiende entre Roma y Ascoli, en el Adriático; la Route du Sel, en la Provenza; la Via Salarium, en Turquía; la Ruta de la Sal, en el País Vasco; la ciudad de Al-Salt (conocida como Saltus durante el Imperio bizantino), en Jordania; Salzburgo y sus cuatro minas de sal, en Austria; la ciudad de Tulz (sal, en turco), en la frontera entre Eslovenia y Croacia; las tristemente famosas minas de sal de Siberia, todas famosas por su importancia en la fabricación y el comercio de la sal. Un registro histórico de la Route du Sel indica que, solo en el año 1776, salieron de Niza 35.000 mulas cargadas de sal hacia otras ciudades.

En Grecia, el intercambio de sal por esclavos generó la frase «no vale la sal que come». Los romanos estaban particularmente preocupados por sus minas de sal, algunas de las cuales todavía siguen activas —un buen ejemplo es la mina de Wieliczka, en Polonia, con sus 300 kilómetros de túneles a 150 metros de profundidad y su sorprendente catedral de sal, uno de los puntos de mayor atracción turística del país—. Herodes mantuvo el monopolio de la sal extraída de las minas del mar Muerto y construyó el puerto de Cesárea para, entre otras cosas, facilitar la exportación de sal a otros dominios romanos.

La palabra *salarium* (de donde proviene el término salario), que todo el mundo atribuye al pago en sal a los legionarios romanos, es hoy cuestionada por algunos historiadores, que prefieren creer que dicho pago se hacía para reponer las necesidades básicas del soldado, principalmente de sal.

Los egipcios fueron los primeros en registrar el uso culinario y como conservante de la sal, y unas pinturas de 1450 a.C. ya mostraban la producción de sal. Su uso en conservas y panificación era bien conocido. Asimismo, se utilizaba en el proceso de momificación, y una receta antiquísima de dentífrico mezclaba berenjena tostada en polvo y sal.

En términos económicos, hemos visto que la sal movilizó legiones y pueblos para obtener medios de producción y comercio. En Etiopía, la sal fue usada como patrón monetario durante casi mil años, hasta 1935. En el siglo XVI se estableció el precio de la *guela* o *hew* —barra de sal empleada como patrón— en 16 kilos de trigo.

En la Biblia, hay más de 30 referencias a la sal, de las cuales la más famosa y conocida es la que aparece en el Génesis 19:26, aquella en la que la mujer de Lot se transforma en estatua de sal.

En el ámbito político, podemos recordar la Marcha de la Sal de Gandhi (contra el absurdo impuesto establecido por los ingleses sobre la sal consumida), la revuelta contra la *gabelle* (el impuesto sobre la sal, que fue uno de los pilares de la Revolución francesa), el poderío de Venecia por el monopolio de la sal en Europa y la maniobra holandesa para bloquear el acceso de España a sus minas de sal, lo que prácticamente llevó a la quiebra a la Corona española. Todos estos episodios atestiguan la importancia de la sal.

Homero la llamó «divina». Platón, «sustancia de los dioses». Shakespeare menciona la sal 37 veces en sus obras. Sus características divinas se reflejan en las diversas supersticiones sobre la mala suerte que conlleva derramar sal, no pasar el salero de mano en mano, etcétera.

Curiosamente, Leonardo da Vinci colocó un salero derramado frente a Judas en *La última cena*. Entre los judíos, echar sal en la mesa para hacer el pan *jalá* es una forma de recordar la destrucción del templo. Cervantes, por boca de Don Quijote, decía que un hombre tiene que comer una pizca de sal con sus amigos para llegar a conocerlos. Cicerón recomendaba no confiar en un hombre a no ser que se hubiese compartido sal con él. Pitágoras afirmaba que la sal era hija de la pureza de su país, el sol y el mar.

Arquestrato, el gran cocinero griego, enseñaba que la mejor manera de contentar a un hombre hambriento era colocarle delante un buen pedazo de asado de carne aliñado únicamente con sal; cualquier otra comida o aderezo serían superfluos.

La adición de yodo a la sal prácticamente eliminó de la sociedad moderna (o al menos de los países que adoptaron esa medida) los síndromes derivados de su carencia, entre ellos el bocio, que en Brasil, por ejemplo, era endémico.

Pedro Vaz de Caminha, en su carta al rey, se extrañó del casi nulo consumo de sal de la comunidad india. Américo Vespucio relató que la tribu miskito de las Antillas secaba el agua del mar para obtener sal.

En cuanto a los judíos, es importante recordar que disponían de recintos especiales en el Templo de Jerusalén, donde colocaban la carne en salmuera para su purificación, lo cual generó en cierto modo un monopolio y una fuente de recetas que contribuyó mucho a su manutención.

La cantidad de hechos y curiosidades sobre esta «vieja amiga» de la raza humana es impresionante.

Un último dato interesante: quien vaya a Bolivia debe visitar el hotel Palacio de Sal, en el Salar de Uyuni. Se trata de un hotel construido en 1998 con ladrillos de sal, y todos los muebles, incluidas las camas, están hechos de sal. Y quien vaya a Colombia, deberá ver la Catedral de Sal, en las minas de Zipaquirá.

Nos quedamos aquí, pero no me resisto a dar una receta que lleva sal, mucha sal, para finalizar esta breve historia:

Besugo a la sal gorda

1 BESUGO DE 2 A 3 KG (SE PUEDE SUSTITUIR POR ANCHOA O GALLINETA)
2 LIMONES, CORTADOS EN RODAJAS FINÍSIMAS
DE 3 A 4 KG DE SAL GORDA

UN PUÑADO DE HIERBAS PARA PESCADO
(CILANTRO, PEREJIL, ENELDO Y TOMILLO), BIEN MACHACADAS
CLARAS DE 2 HUEVOS

- Pedid al pescadero que limpie y vacíe el pescado, y lo abra por el dorso.
- Rellenar el pescado con las rodajas de limón.
- En un recipiente para hornear, hacer una cama de sal gruesa de 2 centímetros de altura. Colocar el pescado verticalmente, con el dorso vuelto hacia abajo, sobre la sal. Mezclar la sal restante con las claras y las hierbas. Cubrir el pescado, construyendo paredes de sal a su alrededor. No dejar ningún pedazo al descubierto.
- Asar en horno fuerte durante 40 minutos.
- Colocar el recipiente en la mesa. Con un martillito, romper la costra de sal, que saldrá con la piel del pescado.
- Servir los filetes o pedazos con aceites aromatizados que vosotros mismos podéis elaborar en casa:

Poned aceite extra virgen en lindas botellas y aromatizadlo con:

TOMILLO Y ENELDO (UN MANOJO CON 2 O 3 RAMITOS DE CADA);
2 CUCHARADAS SOPERAS DE AJO TOSTADO BIEN PICADO
2 GUINDILLAS O CHILES (HACEDLES ALGUNOS AGUJEROS)

Dejad las botellas durante dos días en un lugar en que no dé el sol y después guardadlas en un armario durante una semana antes de servir.

Para acompañar, se pueden cortar rodajas gruesas de tomate (la variedad momotaro es excelente para asar), berenjena (pasada antes por la parrilla) y cebolla morada (haced una pila, comenzando por la berenjena a la parrilla, y después el tomate y la cebolla por encima) asadas con bastante aceite y albahaca.

Un vino blanco del Loira (sugiero un vino de Sancerre o de Menetou Salon) viene bien para maridar. Si no, uno de los excelentes vinos espumosos secos que se producen en Brasil.

UN DUELO DE TITANES

De un lado, Domingos Rodrigues, chef de cocina del palacio del rey Pedro II de Portugal.

Del otro, Lucas Rigaud, cocinero francés naturalizado portugués, chef de cocina del virrey de Brasil, Don António Álvares da Cunha, de la reina María y de Juan III.

Situémonos en 1680, año de la publicación de *Arte de Cozinha*, de Domingos Rodrigues. «Libro dedicado al conde de Vimioso, impreso en el taller de Manoel Lopes y con todas las licencias necesarias y privilegio real», como decía la portada.

Curiosamente, el censor responsable del *imprimatur* del libro comentó: «He leído y releído los dos volúmenes de este *Arte de Cozinha* [...] Confieso que sentí mucho que se refirieran a Portugal [...] por el perjuicio que redunda en la República y más al servicio de Di-s, por su incentivo a la gula».

Y concluía: «Como este arte ya pasó a ser un oficio y existe en todas las casas nobles de Portugal, hay motivo para publicarlo. El autor es un gran profesional, tiene la aprobación del Santo Oficio, y el libro no contiene menos doctrina que otros ya publicados [...] con lo que será más fácil que los principiantes aprendan de sus enseñanzas. Así que autorizo su impresión».

Veamos ahora la época culinaria.

En 1651, bajo el reinado de Luis XVI, aparece en Francia el libro *Cuisiner Français* de François Pierre, también conocido como La Varenne (el cocinero que inmortalizó la salsa *duxelles*, los espárragos a la crema y, sobre todo, los *fricassés*), chef de cocina del marqués D'Uxelles. El libro desencadena una avalancha de nuevos libros de cocina, hasta el punto de que en 1691 circulaban 100.000 ejemplares de 75 ediciones diferentes por todo el país.

El libro de La Varenne fijó los parámetros de la cocina francesa tal y como hoy la conocemos, y acabó por influir en toda Europa y el mundo conocido en la época.

Sus recetas, extraídas casi todas de la cocina palaciega, estaban basadas en mantequilla, especias orientales —un resquicio todavía de la cocina medieval— y salsas, que pasaron de ácidas a grasas, lo que supuso un desprecio total hacia la salsa verde medieval (pan, perejil, jengibre y vinagre), hasta entonces un ingrediente básico de la cocina. Empezaron a utilizarse zumos de frutas y *coulis*, y a hacerse un mejor uso del azúcar, llegado de las colonias, que pasó a emplearse más en los dulces y menos en los asados y cocidos. La notable excepción fue el pato a la naranja, receta medieval conservada y apreciada hasta hoy.

En esa época reinaba en Portugal Pedro II, quien tras anular su matrimonio se casó con su cuñada, María de Saboya, hija del duque de Nemours y nacida en París. Esta, en su mudanza a Lisboa, trajo consigo una comitiva de más de 100 personas.

Curiosamente, La Varenne había salido de la casa D'Uxelles para ir a servir a la casa Nemours diez años antes de que María de Saboya se trasladara a Portugal. La reina era aficionada a la gastronomía y tuvo a Domingos Rodrigues de cocinero hasta su muerte, tres años después de la publicación del libro. Así pues, queda muy clara la influencia que tuvieron la cocina francesa y La Varenne en la obra de Domingos Rodrigues y en la gastronomía portuguesa.

Varios documentos históricos describen la cocina en el reinado de Juan IV, antecesor de Pedro II. Por ejemplo, la descripción del banquete ofrecido a los reyes españoles, lleno de caza, pavos reales, cisnes —todos servidos fríos, pues se asaban y después se montaban con plumas y se decoraban con polvo de oro (lo cual era una labor que llevaba mucho tiempo)—, especias, condimentos y mezcla de sabores característicos de la cocina medieval. Posteriormente, encontramos en la mesa de la reina María una cocina más ligera, con una clara separación de sabores y un inicio al uso de verduras, ternera, cabrito y pescado.

El libro contiene 79 recetas de cabrito y cordero, 99 de aves, 45 de vaca, 25 de cerdo, 66 de pescado y, como gran novedad, 48 de verduras, y 129 de caza, todavía bajo la influencia de la época medieval.

Una de sus mayores curiosidades es la «*pitora*, que se elabora con cualquier lomo, de buey, de cerdo o de venado». Esta receta supone una paradoja histórica, pues, en su esencia, es la receta del bistec, que los ingleses anunciaron como *beefsteak*, su invención magistral, casi un siglo después. Teniendo en cuenta todo lo que Inglaterra le ha robado a Portugal a lo largo de la historia, no es de extrañar que también le birlara esta receta de la *pitora*:

> *Se toma un lomo y se corta en lonchas muy delgadas que se fríen en tocino medio fritas [al punto] y después se le agrega pimienta negra y un poco [aproximadamente 50 g] de harina tostada y cuatro yemas de huevo para engordar el caldo de la fritura. Después se sirve sobre dos rebanadas de pan [costumbre todavía medieval], con dos cucharadas del caldo por encima.*

Si los portugueses no inventaron el bistec, lo cierto es que en este libro, por primera vez, se recomienda freír la carne al punto para después prepararla o servirla.

Recordemos también el capítulo XVII, que trata de las *ollas podridas* (potajes), todas de fuerte influencia sefardí, como comida de sabbat, llamadas así porque se comían al día siguiente de cocinarlas. En especial, destaca la *desina olha moura*, cuyo nombre sin duda deriva de la *dáfina* o *adafina*, plato típico del sabbat sefardí, que llegó a la península Ibérica con la invasión árabe.

Asimismo, es curiosa la receta de «Manos de cerdo de judío: se cuecen las manos de cerdo, frías y *albardadas* (rebozadas), se colocan sobre platitos y se sirven en la mesa». Por más que he investigado, no he conseguido encontrar el origen y el motivo de esta receta.

Son características de la época y de la cocina de Rodrigues las pepitorias, que son guisos a base de alas y menudillos de aves que llevan hasta ocho diferentes especias en su preparación.

Otra receta destacable es la *piverada* (del francés *poiverade*), una mezcla que data de la época medieval, con pimienta, mucho vinagre, sal y ajo para aderezar aves, en especial el pato.

Durante un tiempo, el libro de Rodrigues causó una pequeña confusión con sus recetas de *túberos*, que mucha gente confundió con la recién llegada patata. En realidad, los *túberos* son las criadillas o testículos de cerdo o carnero, cuya forma acabó dando nombre no solo a los tubérculos sino también a las *túberas*, las trufas blancas.

Vamos ahora con Lucas Rigaud, que no solo marcó la segunda revolución de la cocina portuguesa, sino que, en los cuatro años que pasó en Brasil, introdujo el concepto de gastronomía y cocina de palacio en estas tierras, iniciando efectivamente al país en el mundo de la alta cocina y la gastronomía.

Nos situamos a finales del siglo XVIII, con una Europa efervescente y enriquecida. Tayllerand, con su política diplomática, rediseña el mapa de Europa, protegiendo las fronteras de Francia. Su cocinero, Carême, era considerado un arma fundamental en su geopolítica; solo hay que ver los banquetes del Congreso de Viena. Luis XVIII habló con sus amigos sobre el intento frustrado de los austriacos de llevarse a Carême: «Carême conservó sus cocinas, y Francia, sus fronteras».

UN DUELO DE TITANES

Rey de los cocineros y cocinero de reyes, Marie-Antoine Carême sirvió, además de a Tayllerand, al rey Jorge IV de Inglaterra, al zar Alejandro I de Rusia y a la familia Rothschild, además de inventar e inmortalizar, entre otras, la técnica del suflé y las *charlottes*. Fue el responsable de la occidentalización de una serie de recetas orientales, y hay quien le atribuye la receta de la mayonesa. Uno de sus alumnos fue Vincent de la Chapelle, que llegó a ser cocinero de Luis XV y viajó mucho, por lo que trabajó en Alemania, Holanda e Inglaterra. Entre sus creaciones está la «salsa española», base de otras innumerables salsas.

Dicen que Carême tenía muchos celos de su alumno e insistió en escribir el prefacio de su libro *Le Cuisiner Moderne*, compuesto de cinco volúmenes, que ponía orden en todas las cocinas de Europa con respecto a técnicas y métodos. En realidad, La Chapelle no fue un cocinero histórico de altura como Carême, pero su obra es determinante. Fue el antecesor de Rigaud y ejerció, durante un breve período de tiempo, como cocinero jefe de Juan V de Portugal.

Rigaud llegó a Lisboa después de casi haber dado la vuelta al mundo como cocinero y encontró la cocina del país estancada y con un desfase de cien años con relación al resto de Europa. Veamos el prefacio de su libro:

> *Lo que me obligó a sacar a la luz esta obra fue ver un pequeño libro que circula por ahí, titulado Arte da Cozinha y escrito en portugués, que presenta tantos defectos que, sin destacar errores e impropiedades en particular, debe rechazarse por entero como inútil e incompatible con los ajustados dictámenes de esta arte. En esta obra, benévolo lector, te ofrezco tres años de trabajo, después de haber puesto en práctica durante 30 años todo lo que en ella se describe en las principales cortes, como las de París, Londres, Turín, Nápoles y Madrid...*

Aparte de no citar Brasil, probablemente por entender que no sería digno de su obra, vemos su clara intención de romper con el pasado, con la estancada y vieja cocina de Domingos Rodrigues, y comenzar a partir de cero.

No es casualidad que el título de su libro sea *Cozinheiro Moderno ou A Nova Arte de Cozinha*, una doble alusión a la obra de La Chapelle y a la de Domingos Rodrigues.

A estas alturas la obra ya no tenía necesidad de *imprimatur*, aunque fue aprobada por la Real Mesa Censória en su primera edición de 1780 y se reeditó varias veces hasta 1785; posteriormente hubo ediciones ampliadas y corregidas hasta 1826.

La obra contiene recetas de 63 sopas, 14 de las cuales son curativas (probé la receta del *Caldo para convalecientes* con mi amigo y hermano Hideo y fue una maravilla, ahora está como una rosa...), 88 platos de pescado, 42 de huevos, 83 de aves, 37 de legumbres, 29 de cordero, 37 de vaca, «solo» 76 de caza, 46 de ternera y, curiosamente, solo 5 de cerdo. A continuación un comentario de Rigaud:

> *Siempre hubo ciertas reticencias en relación al consumo de la carne de cerdo... ¿No tendría sentido pensar en la influencia de la gran comunidad judía que, desde nuestra fundación, ha estado presente en la sociedad portuguesa?*

A Nova Arte de Cozinha marca la entrada de Portugal en la gastronomía moderna. La canela, la nuez moscada, el cardamomo y el clavo pasaron, casi de repente, de simples ingredientes a aromatizar la comida. El anís, el azafrán, el jengibre y la pimienta de Jamaica pasaron a ser usados como condimento, y adquirieron relevancia la albahaca, el romero, el perifollo, el hinojo, el cilantro, el estragón y otros aromas.

Los agridulces y mezclas de miel fueron prácticamente abandonados. Se fomentó el servicio a la rusa al mismo tiempo que se rechazaban las elaboraciones largas que enfriaban la carne.

Rigaud mostró especial preocupación por los puntos de cocción y las temperaturas correctas de las carnes, masas y dulces. Otro enorme mérito de Rigaud fue elevar a conocimiento público nuevos ingredientes procedentes de otros países y nuevas tierras. Así, los portugueses acabaron conociendo el alumbre (sal doble que contiene aluminio y potasio), el *bocão* (carne ahumada de las Antillas), el franchipán (crema de almendras de origen francés), la calabaza («los pepinos y las calabazas, ambos de simientes frías, sirven para sopas, ragús, *fricassés*, guarniciones de entrantes y varios platos de entremeses...») y la novísima patata («las patatas, después de cocidas en agua y peladas, se comen con salsa de mantequilla y mostaza, pero las patatas de las islas —boniatos— sirven comúnmente para dulces de diferentes calidades»).

Rigaud acusó a Rodrigues de quedarse estancado, y muchos nobles portugueses, en contrapartida, acusaron a Rigaud de extranjero que afrancesó la legítima cocina portuguesa, algo de lo que ciertos críticos le han venido acusando hasta hoy.

Pasados más de 330 años desde la publicación de la obra de Rodrigues y más de 230 años desde la publicación de la obra de Rigaud, podemos discernir claramente la importancia de ambas. Rodrigues rompió con las tinieblas medievales e iluminó la cocina lusitana, y Rigaud logró romper con Rodrigues y condujo la mesa y el arte culinario de Portugal a los tiempos modernos.

Ni Rodrigues fue el revolucionario que se pregona ni Rigaud el *enfant terrible* que parece. Cada uno a su modo, y ambos muy influidos por la escuela francesa, fueron un inestimable y fundamental aporte al mundo culinario lusófono.

Con ellos ganaron, sin duda, los portugueses. Y ganamos nosotros, los brasileños.

VACA EN CUBOS

Vamos a intentar aquí, una vez más, corregir una injusticia histórica. Al final, ¿quién puso la vaca —y la gallina, el pescado, las verduras— dentro del cubito de caldo?

El lector exclamará que la respuesta es obvia: ¡el señor Maggi o el señor Knorr! Así que vamos con ellos. Remontémonos al año 1838, cuando Carl Heinrich Knorr, escandalizado con los precios del café brasileño, tuvo la idea de añadir cebada al café para hacerlo más barato.

Comenzó a investigar sobre cómo secar la cebada sin perder el sabor y los nutrientes y acabó por extender esas investigaciones a otras verduras, lo que dio como resultado el lanzamiento en 1873 de la primera sopa en polvo y en 1885 del primer cubo de carne, ambos de 85 gramos de peso (los actuales pesan 5,5 gramos).

En cuanto al señor Julius Maggi, en 1872 heredó el molino de su padre y empezó entonces a investigar de qué modo podía aprovechar los granos que molía, además de para hacer harina.

En 1886 lanzó dos iconos de la cocina: las primeras sopas instantáneas y el *Maggiwurtze*, la famosa salsa Maggi, que intentaba dar sabor de carne allí donde no había carne.

Fue un intento de sustituir el extracto de carne, abaratando el ingrediente. En realidad, la salsa tuvo más éxito que las sopas y se difundió por todo el mundo como ingrediente de innumerables recetas. A propósito, en Brasil teníamos la salsa, pero hace mucho tiempo que se suspendió su fabricación, lo cual es una pena. De todos modos, en 1908 se lanzaron los cubos Maggi en Brasil, y a partir de ahí ya conocemos el resto de la historia.

Ni la marca Knorr pertenece ya a la familia Knorr —ahora es una división de la Unilever— ni la marca Maggi pertenece a los Maggi —actualmente es una marca Nestlé—, y nuestra charla podría acabar aquí.

Pero sucede que antes de las sopas deshidratadas tuvimos los extractos de carne, que fueron anteriores en estudios y desarrollo y que hasta hoy ocupan un lugar destacado en el mercado.

Volvamos a 1860, cuando el barón alemán Justus von Liebig, preocupado por el alto coste de la carne, quiso inventar un sucedáneo que fuera más económico. El principio se basaba en cocinar la carne hasta llegar a su extracto, su esencia, un objetivo que los alquimistas de la Edad Media siempre persiguieron: descubrir la esencia de los elementos.

Sea como fuere, en 1860 los técnicos de Von Liebig lograron fabricar un extracto de sabor muy agradable, pero el alto coste de la carne todavía hacía que el producto final fuera muy costoso.

En 1860, y ante la sugerencia de uno de sus administradores, la empresa trasladó su sede a Uruguay, donde la carne costaba un tercio del precio europeo, y el extracto de carne Liebig se ganó un lugar en el mercado mundial.

Mientras tanto, Napoleón III, en guerra contra Prusia, estaba muy preocupado por la alimentación de sus tropas y encargó al inglés John Lawson Johnston un estudio sobre cómo transportar mejor los alimentos nutritivos. En 1870, Johnston presentó al emperador su extracto de carne, que salvó a las tropas de la inanición, aunque no de la derrota.

Habiendo perdido a su mayor y único cliente, Johnston lanzó en 1889 su extracto de carne, con el nombre de Bovril, una mezcla del latín *bos* (genitivo *bovis*), raíz de la palabra *buey*, con *vril*, término que extrajo de una novela de ciencia ficción del autor Bulwer-Lytton, *The Coming Race*, sobre una nación extraterrestre que habitaba el centro de la Tierra y cuyas armas emitían un rayo, el tal *vril*, que lo dominaba todo y a todos.

Escarmentado por los costes de la carne europea, Johnston montó su empresa en Argentina, en la provincia de Entre Ríos, donde hoy incluso existe una ciudad llamada Bovril. Dicho sea de paso, sus haciendas llegaron a tener la mitad del área de Inglaterra y 1,5 millones de cabezas de ganado.

Bovril disfrutó de un momento propagandístico antológico cuando, a comienzos del siglo XX, obtuvo autorización para hacer un anuncio impreso que mostraba al Papa con una taza de caldo de carne y el texto «Dos poderes infalibles: el Papa y Bovril».

Pues bien, con la historia de los extractos podríamos cerrar la epopeya de los cubitos.

Pero no, ¡definitivamente, no!

Todavía no hemos contado que tanto Liebig como Johnston basaron sus productos en estudios que el gran Nicolas Appert había iniciado en 1795, a petición de Napoleón III (véase el capítulo «Tributo a un cocinero desconocido»), y que dieron como resultado las técnicas de envasado de alimentos en vidrio y latas para que el emperador pudiese alimentar a sus tropas.

Tras ganar el premio de Napoleón, Nicolas montó una fábrica de conservas y publicó el libro *L'art de conserver, pendant plusieurs années, toutes les substances animales et végétales* (El arte de conservar, durante varios años, todas las sustancias animales y vegetales), en el que describía técnicas que acabaron por inspirar a Knorr, Maggi, Liebig y Johnston.

Ahora sí, podríamos dar por finalizado nuestro libelo histórico, si no fuera por los *trahanas* griegos o *tarhanas* turcos, verdaderos pioneros en cuanto a sopas y caldos instantáneos.

Vamos ahora con la historia de las historias: todo comenzó cuando mi amigo Sidney Bratt, de la importadora Gourmand, me trajo de regalo un bello y curioso libro de recetas de Grecia.

El hecho es que este libro menciona, en más de una ocasión, el *trahana* y sus innumerables usos, así que me puse a estudiarlo. Tras seis meses de investigaciones, ofrezco la historia completa a nuestros lectores…

En el siglo VI los pastores persas fabricaban el *kishk* o *kashk*, una mezcla de bulgur (o trigo sarraceno) y hierbas secadas al sol, que luego se cocinaba con agua o leche y verduras. Su gran ventaja era que, al ser un polvo seco, los pastores podían transportarlo fácilmente en el zurrón. La palabra se fue instaurando y hoy en día significa solo «trigo molido». No por casualidad, la palabra evolucionó en ruso como *kasha* (o *kashe*) y en árabe como *kishke*, viejas conocidas de los judíos. Una vez más, entre la invasión árabe de Europa y el trabajo de los mercaderes turcos, un nombre y un ingrediente se expanden por toda Europa y después por el mundo.

Pero fue en Grecia, con el nombre de *trahana*, del turco *tarhana*, a partir del griego *tractae* —por cierto con su receta mencionada por Apicio en el siglo X—, donde la fabricación de esta sopa instantánea alcanzó la cualidad de arte. Según parece, la raíz de la palabra viene del persa medieval *takhaneh*, que quiere decir «mezcla». El lingüista John R. Perry demostró, en un estudio de 1997, cómo el antiguo *kishk* evolucionó hasta convertirse en *takhaneh*.

En Grecia hay cuatro tipos de *trahana*: agrio, dulce, *lentem* (sin leche ni derivados) y *xinohondros*, una especialidad única de Creta.

La base es siempre la misma: trigo sarraceno molido en molinos domésticos de piedra, actividad, por cierto, que se inició hace 4.000 años en la civilización minoica. El resultado de esta operación es el llamado *hondros*.

En la práctica, se hierve leche de cabra con sal y se deja agriar «hasta que empiecen a aparecer pequeñas burbujas», como dice Kyria Eftyhia, una especialista en *trahana* casero de la aldea de Kalohori.

En un puchero al aire libre se mezclan 20 kilos de esta leche con 4 kilos de *hondros* y se ponen a cocer, removiendo constantemente con una enorme cuchara de palo hasta que la mezcla se vuelve espesa y la cuchara se sostiene sola. Entonces se retira el puchero del fuego y se cubre. Al día siguiente se esparce la mezcla semisólida sobre esteras, se deja al sol unos días, hasta que se endurece como una piedra. Esas piedras se rompen con un rallador grueso, en grandes granos. Estos granos servirán para caldos y sopas, o se mezclarán con leche, yogur, caldo de carne o simplemente agua, al viejo estilo de los pastores.

En algunas recetas modernas griegas y turcas se utiliza el *trahana* mezclado con cebollas caramelizadas y la tradicional berenjena, para formar una pasta que es una gran competidora del hummus y el *baba ganush*, o como ingrediente en tortas —la *kolokithopita*, por ejemplo, es una deliciosa alquimia de arroz, hinojo y *tarhana*— y otras recetas.

Listo. Ya podemos descansar. Se ha restablecido la verdad histórica sobre quién puso la sopa en cubitos y logró que así pudiera transportarse sin perder el sabor ni las propiedades; sin duda la primera operación de *fast-food* de la historia.

Como dijo en el siglo XIV el poeta turco Bushaq: «Soy un amante del pan, siempre y cuando no haya *tarhanas*...».

TÉ PARA DOS

Nuestra historia comienza en el año 2737 a.C. con el emperador chino Shennong.

Conocido como «el Divino Granjero», Shennong se dedicó a las ciencias e investigó las hierbas y sus usos farmacológicos, así como algunas técnicas de agricultura. De acuerdo con la mitología de su pueblo, fue como un dios que enseñó la agricultura a China. Una de sus grandes enseñanzas fue mostrar a sus súbditos que había que hervir el agua antes de consumirla, para así evitar enfermedades.

Pues bien, estando de viaje, el emperador y su comitiva pararon en un jardín a descansar. Los siervos inmediatamente pusieron a hervir agua en el fuego para después beberla, y no se dieron cuenta de que en la olla cayeron las hojas secas de un arbusto, lo que dio como resultado una infusión de color dorado.

La curiosidad de científico del emperador acabó por vencerlo, probó la infusión y la halló deliciosa. Estudios posteriores revelaron que la planta era la *Camellia sinensis*, hasta hoy reconocida como única fuente de hojas de té. Esta leyenda se cuenta de diversas maneras y con diversos protagonistas, incluso Buda, que habría despertado tras un largo período de meditación con una planta de té ante sus ojos.

Entre los incentivos del emperador y la posterior divulgación de la bebida por parte de los monjes budistas, el té se extendió por todo el país, ya fuera como tisana medicinal o como agradable bebida, lo que hizo que tan solo el consumo chino la convirtiera en la bebida más consumida del mundo en la época. El filósofo Lao-Tsé, figura central del taoísmo, describió el té como la espuma del jade líquido.

Por cierto, cuenta la leyenda que Lao-Tsé, en torno al año 520 a.C., hastiado de la decadencia moral de China, salió de viaje hacia los rincones más lejanos del país, para no ser visto nunca más. En una noche muy fría, halló abrigo en un puesto de la frontera, y todo lo que el aduanero Yin Hsi tenía para ofrecerle era té caliente y palabras de consuelo.

Después de entrar en calor con el té, Yi Hsi convenció al filósofo para que volcara en papel su sabiduría, sus temores y recelos por la degeneración moral de la humanidad. Esos escritos acabaron siendo el *Tao Te Ching*, libro fundamental de la filosofía oriental, que acabó influyendo en el taoísmo, el budismo y, en consecuencia, en la filosofía occidental.

En respeto a la generosidad del aduanero y en su homenaje, se extendió por China la costumbre de ofrecer té a las visitas en cuanto entran en una casa.

Hacia el año 750, durante la dinastía Tang, el escritor Lu Yu publicó el libro *Cha Jing* (el clásico del té), en el que describía con detalle la plantación, la cosecha, los métodos de secado, la oxidación y la preparación/infusión de la bebida, tornando clásicos los procedimientos que se siguen hasta el día de hoy.

De China a Japón —adonde el té fue llevado por los monjes budistas Saichó y Kukai alrededor del año 800—, a la India —actualmente el mayor productor mundial —realmente el té también es originario de la región de Assam—, y a los países árabes —donde penetró por la Ruta de la Seda—, el té fue extendiéndose por el mundo oriental como bebida del día a día, pero principalmente como símbolo de cortesía y bienvenida, siempre ligado al encuentro y acogida de amigos o visitantes.

Pero ¿y en Europa? ¿Y el *English tea time*?

Volviendo a la historia, una historia por cierto ya conocida por el lector, los portugueses y los holandeses tenían el monopolio total del té en el mundo occidental. Las preciadas hojas secas llegaban solamente a Lisboa y a Ámsterdam, donde eran ávidamente consumidas.

Sucedió que el futuro Carlos II de Inglaterra fue enviado a Holanda por su padre, Carlos I, para ser protegido durante la guerra civil inglesa, que, dicho sea de paso, acabó con la ejecución de Carlos I.

En Holanda, Carlos, el hijo, conoció dos novedades que marcarían su vida: el té, que adoptó como su bebida preferida, y a la princesa portuguesa Catalina de Braganza, con quien acabó casándose. Es importante recordar en este punto que la dote de Catalina incluía tierras en la India, que después conformarán nuestra pequeña historia del té. Se dice que fue Catalina quien introdujo a Carlos en el hábito de beber té.

Pausa para un chisme rápido: Carlos fue un asaltacamas emérito. Tuvo numerosos hijos bastardos, casi todos ellos reconocidos después y convertidos en lords o duques. Uno de ellos, Henry FitzRoy, duque de Grafton, tuvo en su línea de descendencia al padre de Lady Di, la princesa Diana. Así, curiosamente, las dinastías Windsor y Stuart se encontraron en el siglo XX.

Terminado el chisme, volvemos a Carlos y Catalina, que llevaron el hábito del té a Inglaterra, donde en 1661 Carlos fue coronado rey de Inglaterra, Escocia e Irlanda.

Restringida a la corte, por su altísimo coste, la bebida se tomaba durante el día, cuando se ofrecía a las visitas, y después de la cena. En esa época, eran dos las comidas inglesas: el desayuno *(breakfast)*, que se tomaba muy temprano y consistía en cerveza, pan y carne, y una única comida nocturna *(supper)*, pesada y larga, en torno a las ocho de la tarde.

Los nobles, seguidores rígidos de reglas y etiquetas, prácticamente no comían nada entre esas dos comidas. Hasta que, hacia 1820, Lady Anna Maria Stanhope, séptima duquesa de Bedford, que no podía aguantar el hambre, decidió rebelarse contra la etiqueta vigente y comenzó a invitar a sus amigas a tomar el té a las 5 de la tarde, un *five o'clock tea*. Los emisarios iban a casa de las mujeres con el fin de invitarlas a una reunión en los aposentos de la duquesa, en Woburn Abbey, donde esta ofrecía un té seguido de un paseo por los jardines. Cuando regresó a Londres la duquesa mantuvo la nueva rutina, y no transcurrió mucho tiempo hasta que otras damas de la corte la imitaran en el hábito y las invitaciones.

Por lo general solía acompañarse el té con pequeños bizcochos, pan y mantequilla y un surtido de dulces, y nada más.

Se creó todo un ritual para el evento. El mayordomo traía el cofrecito del té —el *tea caddy*— y los criados, agua caliente, tetera, tazas y un pequeño hornillo.

La dueña de la casa, que tenía la llave del *caddy*, lo abría y hacía el *blend* del té ella misma. Conviene recordar que el té permanecía cerrado en cofrecitos por su altísimo valor.

Mientras tanto, el mayordomo vertía agua hirviendo en la tetera para calentarla. Esta primera agua se desechaba, después se colocaba el *blend* de té en la tetera y a continuación se vertía nueva agua caliente sobre él. Preparada la infusión, los criados utilizaban un coladorcito sobre cada taza para servir una única ronda de té.

En esa época se popularizó el *English crumpet* —una crepe que se cocía previamente y llegaba a la mesa en una placa de hierro calentada, donde se terminaba de preparar con mantequilla (en la película *Master and Commander* se muestra una detallada preparación del *crumpet* cuando el capitán y su amigo el médico lo consumen durante sus tertulias musicales a bordo).

Hacia 1840, después de los *crumpets* se añadieron bizcochos, galletas y *pâtisseries*, frutas, pequeños sándwiches, café, vino de Burdeos, *sherry* y champagne. Conviene recordar que el sándwich, en aquella época, era pan con jamón, lengua cocida o carne asada. En 1870 se inventó otra tradición británica, más ligera y adecuada para el té de la tarde: el sándwich de pepino, que consistía en finas rodajas de pepino servidas en sándwiches de pan de miga.

También en esa época comenzó a surgir la distinción entre el *low tea* y el *high tea*, ambos ligados no a la nobleza de quien los tomaba, sino a la altura de la mesa en la que se servían. De este modo, el *low tea* se servía a los nobles, a las 5 de la tarde, en mesas pequeñas y bajas, las *coffee tables* —como se las conoce hoy—, e iba acompañado de pequeños manjares.

El *high tea* era tomado por los plebeyos, en la mesa de comer, entre las 6 y las 8 de la tarde como una comida, lo que acabó desplazando el significado de *supper* a la cena que algunos tomaban después de las 11 de la noche.

Con todo este consumo de té, urgía poner fin al monopolio de Holanda y Portugal. Fue entonces cuando Carlos II recordó dos hechos: primero, que su antecesora, Isabel I, había fundado la East India Company, coloquialmente conocida como John Company para explorar Oriente; y, segundo, que su mujer había aportado en su dote tierras de la India. Por lo tanto, la John Company tenía ahora una base en Oriente para operar y plantar té y eso fue lo que se hizo. Sin embargo, la demanda era desmesurada, y no había otra alternativa que no fuera importarlo también de China.

Al precio de 200 libras el kilo, el sistema financiero inglés hubiera quebrado si todo ese té hubiera sido abonado en dinero contante y sonante, así que la John Company tuvo la idea de plantar opio en sus tierras y pagar el té chino con esta sustancia.

Cuando el emperador chino vio que su pueblo estaba siendo literalmente drogado por los ingleses y prohibió el comercio de opio, se desencadenó la Guerra del Opio, en la que los ingleses declaraban luchar por el «libre comercio mundial» (por cierto, parte de este discurso llegó a Brasil, más o menos en la misma época, con la apertura de los puertos al libre comercio precisamente con los ingleses…). El hecho es que Inglaterra ganó la Guerra del Opio e impuso el degradante comercio en China hasta 1908.

Mientras tanto, el consumo de té en el país del rey Carlos II solo hacía que aumentar, y empezaron a crearse los *tea gardens*, que eran locales públicos, situados en bellos jardines como Vauxhall y Ranelagh, donde el té era servido con toda la ceremonia y etiqueta.

Sucede que estos locales eran amplios y espaciosos, y la cocina algunas veces quedaba muy, pero que muy distante de las mesas. Se creó entonces un servicio de cortesía para quien tuviera prisa o llegara con retraso. Se colocaron unas cajitas de madera en las mesas de los *tea gardens* con las siglas T.I.P.S., que significaban «To insure prompt service» (Para asegurar un servicio rápido). Al depositar unas monedas en la caja, el cliente avisaba de que tenía prisa y quería un servicio rápido. El servicio rápido desapareció con el tiempo, pero quedó la sigla, que hasta hoy recompensa al camarero por un buen servicio prestado (o así debería ser...).

El té aportó otras palabras a la lengua inglesa, como *mandarin*, que procedía del portugués *mandar* y designaba al oficial de la corte imperial china nombrado por el emperador para negociar el té con los extranjeros, y *cash*, del portugués *caixa*, que designaba la moneda corriente en las transacciones de té.

Caddy venía de la palabra china que designaba una libra —*one pound*— de té.

Actualmente, el consumo de té en el mundo equivale a la suma del consumo de café, chocolate, refrescos y otras bebidas no alcohólicas. En el año 2009 se produjeron casi 54 millones de toneladas de té en el mundo; la mitad de esa producción fue aportada por la India (28%) y China (24%). Su consumo sigue creciendo y se ha convertido en la bebida más conocida y apreciada del planeta.

Podríamos seguir escribiendo muchas más líneas sobre los tipos de té, su preparación y acompañamientos, pero termino con una frase del genial Henry Fielding (autor de *La historia de Tom Jones, el expósito*), que en 1749 contó al mundo que «el amor y el escándalo son los mejores edulcorantes de un buen té entre amigos».

TRIBUTO A UN COCINERO DESCONOCIDO

¿Podríamos imaginarnos nuestro día a día sin latas ni envases de vidrio?

En Estados Unidos se consumen anualmente 133 mil millones de latas/frascos de conservas o bebidas; en el mundo, una cifra próxima a los 400 mil millones de unidades.

Esta historia comienza en 1799 con Napoleón. Una de sus famosas frases era: «Un ejército marcha sobre su estómago». Creía tanto en ello que los historiadores adjudican muchas de sus victorias a la logística de retaguardia que acompañaba a los ejércitos. No está de más recordar que en la invasión de Rusia (donde la logística y todo lo demás fue derrotado por el invierno) participaron cerca de un millón de soldados.

Preocupado por la lentitud del avance de sus tropas y la incapacidad logística para alimentarlas, Napoleón estableció un premio de 12.000 francos para quien le ayudara a resolver el problema.

Atraído por un premio tan considerable, un cocinero llamado Nicolas François Appert empezó a estudiar formas de conservar y transportar alimentos, partiendo de la premisa de que los alimentos deberían conservarse en vidrio, como el vino. Tenía experiencia previa, pues regentaba una conocida tienda de mermeladas y confituras en la periferia de

París, donde su socio era Grimond de la Reynière, el autor del notable *Almanach des Gourmands*, biblia gastronómica de la época.

Sesenta años antes de que Pasteur descubriera los microorganismos, Appert, por pura intuición, pensó que la solución era aislar los elementos del aire, donde se encuentran los microbios y los oxidantes. Inventó un sistema que, por cierto, se sigue utilizando hoy día: precocinar los alimentos para matar eventuales organismos, colocarlos aún calientes en frascos de vidrio, pues el calor expulsa el aire del vidrio, y cerrarlos rápidamente. Se sumergían entonces los frascos en agua hirviendo durante un largo tiempo, sellados con parafina y reforzados con alambre.

Diez años después de que Appert iniciara sus experimentos, en 1809, se mandaron al Ejército francés dieciocho muestras con perdices asadas, verduras diversas y salsas, a modo de prueba. El invento recibió la aprobación unánime y fue así como Appert resultó merecedor del codiciado premio. Con él publicó el resultado de sus investigaciones en un libro clásico, *L'art de conserver, pendant plusieurs années, toutes les substances animales et végétales* (El arte de conservar durante varios años todas las sustancias animales y vegetales), y en 1812 abrió la primera fábrica de conservas del mundo.

El Gobierno inglés, en cuanto supo del invento, reparó en la grandiosidad y el alcance del proyecto, y el rey Jorge III encargó al ingeniero industrial Peter Durand que «desarrollara conservas de alimentos en latas, frascos, cerámicas u otros materiales adecuados».

Durand no avanzó mucho en el proceso, pero sus dos socios Bryan Donkin y John Hall se sirvieron de sus investigaciones y terminaron por elegir las latas metálicas como los mejores recipientes, ya que podían sellarse sin aire y no se rompían como el vidrio. Esas latas eran de aleaciones de metales recubiertas con estaño, para evitar la oxidación, y soldadas con estaño o con plomo.

Ya en 1813, su fábrica servía a 13 guarniciones externas distintas del Ejército británico. Paradójicamente, una de ellas era la ubicada en la isla de Santa Helena, donde Napoleón estuvo prisionero durante seis años.

El desarrollo de las colonias en América y África dio un nuevo aliento a las latas, pues los viajes eran todavía muy largos y en las colonias no siempre había comida disponible.

En la época se acuñó la expresión *Donkin's Provisions*: era un caja llena de latas que contenían carnes, verduras, aves, sopas y salsas, y que debería ser suficiente para alimentar a dos personas durante 15 días.

En Estados Unidos, la fiebre del oro de 1849 dio un enorme impulso al consumo de enlatados, y así fue como se popularizaron las alubias en lata, un icono de las películas del oeste hasta hoy. Las más populares fueron las Boston Baked Beans, un estofado de alubias con jamón y melaza, un clásico de Nueva Inglaterra.

Con el final de la Guerra de Secesión, los soldados volvieron a casa habituados a comer enlatados, y la costumbre se extendió por todo el país.

Inventos posteriores como la soldadura eléctrica y las máquinas de fabricar latas eliminaron una serie de problemas que presentaban las antiguas latas, como la contaminación por plomo y el proceso casi artesanal de fabricación (un buen artesano conseguía hacer, como máximo, diez latas al día).

Uno de los grandes descubrimientos fue el añadido de cloruro de calcio (una sal) a los alimentos, lo que permitía aumentar la temperatura de precocción y, en consecuencia, la velocidad de producción. Por desgracia también enseñó a los fabricantes a añadir conservantes, colorantes, antioxidantes y demás sustancias.

La invención de las latas de aluminio consagró y consolidó estos recipientes como los mejores contenedores de alimentos y bebidas que se conocen, y el reciclado del aluminio, que empezó a practicarse ya a finales del siglo pasado y principios de este, debería garantizar su permanencia entre nosotros durante mucho tiempo.

Appert pasó por momentos tristes en una fase de su vejez una vez que los ingleses perfeccionaron su idea, utilizando latas en lugar de frascos (a petición de la Marina inglesa, que tenía problemas con la carga de vidrio en sus naves), y no le fue reconocido ningún derecho. Para empeorar la cosa, en 1831 se incendió su fábrica, y su esposa, de quien poco se sabe, lo abandonó ese mismo año.

Con la restauración de la monarquía, Appert, a los 80 años, fue considerado benefactor de la humanidad y el emperador Napoleón III le concedió una fábrica nueva, esta vez para alimentos enlatados, que llegó a facturar 100.000 francos anuales (una fortuna en la época).

En cuanto llegaron a Estados Unidos, las latas se popularizaron instantáneamente y de allí se extendieron por todo el mundo. Appert murió en julio de 1841 y cayó en el olvido hasta 1955, año en el que entró a formar parte del panteón de los grandes científicos franceses.

CUANTO MÁS VIEJO, MEJOR...

No estoy de acuerdo con esos dichos que comparan los vinos con las personas, y aún menos con aquel que dice que cuanto más viejo, mejor.

Pocos vinos resisten el paso del tiempo y realmente mejoran con la edad. En cambio, eso sí ocurre con los vinagres, en particular con los balsámicos; estos, en efecto, se vuelven más suaves y elegantes con el tiempo. Más sutiles y más complejos, como algunos buenos amigos míos, que han envejecido con la misma clase que los mejores balsámicos.

Los vinagres son, de hecho, como las personas: el primer contacto es más bien ácido, de sabor impactante. Con el tiempo, dicho sabor se modifica, se vuelve más dulce y suave, y se aprecia.

Pero este capítulo trata menos de personas que de buenos y viejos restaurantes, aquellos a los que vale la pena ir y decir que hemos estado allí; que vale la pena fotografiar, apreciar su comida y sobre todo conocer la historia de estas verdaderas instituciones culinarias. Hablaremos solamente de aquellos que siguen abiertos desde su fundación, que son bastantes.

Según el Libro Guinness de los Récords, el restaurante más antiguo del mundo aún en funcionamiento es el Botín, de Madrid, abierto en 1725. Aunque muchos entendidos en la materia cuestionan dicha información.

La referencia más antigua que encontraríamos de un restaurante aún abierto es de hace más de 1.200 años. Por lo tanto, veamos la lista por orden cronológico:

803 - Stiftskeller St. Peter, Salzburgo, Austria

Con el fin de captar paganos para su religión, los monjes benedictinos abrieron este restaurante, ubicado aún hoy en el interior del monasterio de San Pedro. Cuenta la leyenda que Mefisto encontró a Fausto en su bodega, y que Carlomagno habría comido más de una vez en este establecimiento. Con o sin leyenda, su historia es antiquísima, sus diversas salas son muy bellas y su jardín muy agradable para cenar una noche de verano. Organiza regularmente cenas musicales solamente con obras de Mozart, que fue cliente habitual de la casa.

La sopa de patatas aromatizada con trufas, el lomo de cordero con espárragos y, principalmente su postre especial, el *Salzburger Nockerln*, un suflé gigante con un espeso almíbar de frutos rojos, honran la memoria de Mozart.

Dirección: St. Peter-Bezirk, 1-4.

1153 - Ma Yu Ching, Kaifeng, China

Poco se sabe de este restaurante especializado en gallina, con pocas mesas y que básicamente ha preparado comida para llevar desde hace ¡más de 850 años! Os debo la dirección.

1273 - Piwnica Swidnicka, Breslavia, Polonia

Esta bodega de cerveza en la capital de Silesia empezó como una taberna y se acabó convirtiendo en un monumento histórico nacional. Su nombre significa «Taberna Swidnicka», y hasta hoy el restaurante sirve exclusivamente la deliciosa cerveza Bialy Baran (Oveja Blanca).

Entre sus clientes habituales estuvieron Chopin y Goethe, que acudían atraídos por las deliciosas sopas, el tradicional Bigos, que es un estofado de diversas carnes con *sauerkraut* (chucrut) y sus fantásticos postres.

Dirección: Rynek Ratusz, 1.

1284 - Antica Trattoria Bagutto, Milán, Italia

Su nombre procede del lombardo *begutto*, es decir, «lugar de glotones».

Un curioso eslogan publicitario de 1580 —cuando el restaurante ya tenía historia— indicaba que, bajo la competente dirección del marqués de Ranieri, las 16 chimeneas del local preparaban la mejor comida de la ciudad para su distinguida clientela.

El momento culminante en la historia de este restaurante fue la cena que ofreció Napoleón al duque de Lordi en 1807, con ocasión de la toma de posesión de su ducado.

Desconocemos el menú de dicha cena, pero, si no se sirvieron, deberían haberse servido el filete de lenguado con pimienta negra en grano, hinojo y crema de calabaza y el filete tierno de ternera con compota de cebollas moradas, que se siguen sirviendo hoy en día.

Dirección: Via Elio Vittorini, 4.

1465 - Owariya, Kioto, Japón

Empezó como una fábrica de *soba*, el tradicional fideo japonés, y acabó abasteciendo a la casa imperial japonesa en el período Edo. A petición del emperador, se transformó en restaurante. Como retribución y por tradición, aún hoy en día cuando el emperador va a Kioto hace una visita al Owariya.

Su *pièce de résistance* es el *Hourai Soba*, precedido de los *hors d'oeuvres* de la casa, entre los que se encuentra la *Itawasa*, un buñuelo de pescado con salsa picante. En cuanto al *soba* propiamente dicho, se trata de un delicioso y ligero fideo acompañado de setas, tiras de huevo, sésamo, rábano, algas, cebolleta *futonegi*, gambas fritas, nabos rallados y guindilla.

Dirección: 322 Kurumayacho-Niyo, Nakagio-ku, Kioto.

1518 - La Campana, Roma, Italia

A escasos pasos de la Piazza Navona, el restaurante más antiguo de Roma nos zambulle en el pasado. Aunque las sucesivas reformas lo hayan desvirtuado, sus recetas clásicas son impecables. Vale la pena probar el *Carciofo alla giudia*, vieja contribución judía a la cocina italiana; los *Tagliolini con alici fresche e pecorino*, y la original *Coda alla vaccinara*, un estofado moderno de cola de buey con verduras.

Dirección: Vicolo della Campana, 18

1582 - La Tour d'Argent, París, Francia

Ya hemos hablado mucho de este local histórico y de sus maravillosos patos numerados en el capítulo «La cena de los tres emperadores».

Dirección: Quai de la Tournelle, 15

1599 - Albergue dos Viajantes, São Paulo, Brasil

Por desgracia, todo lo que sabemos de este local, una excepción en nuestra lista, puesto que ya no existe, es que perteneció al portugués Marcos Lopes y que servía un único plato, el antepasado de nuestro «PF» o *prato feito* (plato combinado), y que estaba compuesto de alubias, harina y algo más que se desconoce, probablemente carne o salsa. Queda en el registro.

1673 - The White Horse Tavern, Newport - Rhode Island, Estados Unidos

La casa construida en 1652 como residencia del entonces millonario Francis Brinley fue transformada en taberna en 1673. Fue tan popular que las reuniones de Consejo de la Ciudad y de la Corte Criminal se celebraban en el local, precedidas o seguidas de cenas. En 1708 se produjo el primer escándalo político de la región: los consejeros comieron allí un día en el que no había reunión del Consejo, y pasaron la nota a cuenta del tesoro público. Según los periódicos de la época, hubo severos castigos y dimisiones, igual que en Brasil hoy en día…

Newport es una bella ciudad colonial, situada a una hora y media en coche desde Boston, que merece una visita, seguida de una comida o cena en la taberna. Escoged una especialidad local, como el *Vermont goat cheese cake*, un buñuelo de queso envuelto en hojas de cebolleta, con una deliciosa salsa de albaricoque y almendras. Mejor aún, participad en el divino *brunch* del domingo y probad un poco de todo.

Dirección: 26, Marlborough Street.

1696 - Le Procope, París, Francia

El inmigrante italiano Francesco Procopio del Cotelli abrió este café cerca de la iglesia de Saint-Sulpice (la del *Código da Vinci*) sin tener la más mínima experiencia culinaria y, gracias a los deliciosos pescados preparados por su mujer, el lugar prosperó y se hizo famoso.

Tuvo como clientes a toda la cúpula de la Revolución francesa, entre ellos Danton, Marat y Robespierre, y, antes de la revolución, a Voltaire y Benjamin Franklin, que cenó allí tres noches seguidas.

Su *Grand plateau royal* es una sinfonía marina con ostras (entre las cuales figuran la *belon* y la *creuze* normandas), mariscos, moluscos y gambas, además de infinidad de crustáceos fresquísimos. Se trata de la materialización del pecado de la gula.

Tampoco podéis perderos la compota fría de berenjena, tomate y aceituna y una receta del *Coq au vin* del siglo XVII.

Dirección: 13, rue de l'Ancienne Comédie.

1696 - Antico Ristorante Boeucc, Milán, Italia

Empezó como bodega de vinos, se transformó en restaurante en 1848 y se convirtió en un local importante para la cocina y la historia, pues fue la sede de la resistencia contra la invasión austríaca de 1840, dirigida por el mariscal Radetzky. Los milaneses no solo fueron derrotados, sino que además el mariscal robó la receta de la *Costoletta di vitello alla milanese* y la ofreció a su rey, el glotón Fernando I, quien, con su poder e influencia en aquella época, la difundió como *Wienner Schnitzel*. Cosas de la guerra...

Fueron clientes eméritos del Boeucc, entre otros, Verdi, Donizetti y Toscanini, que creó la receta del *Antipastino caldo del pescatore*, mejillones cocidos en salsa de tomate y hierbas, que se han venido sirviendo hasta hoy.

Después del *antipastino*, pedid un *Fritto di cervella e fiori di zucca* (sesos de ternera muy tiernos fritos con flores de calabaza) o un *Filettino Boeucc* (un filete muy poco hecho —no os atreváis a pedirlo muy hecho— con una salsa espesa de *roti*, casi una papilla).

Quedáis advertidos de que la casa se aprovecha de su fama y abusa de los precios.

Dirección: Piazza Belgioioso, 2.

1720 - Det Lille Apotek, Copenhague, Dinamarca

Esta «pequeña farmacia» atesora preciosidades de la historia de la cocina danesa. Su plato mixto de *herring* (arenque) es una muestra de las mejores técnicas de conservación y preparación de este manjar. Cuenta la leyenda que era el plato preferido de Andersen, cliente habitual del local.

Seguid con un *Stone beef*, un fantástico *filet mignon* servido sobre una piedra de lava caliente para que el cliente pueda servírsela a su gusto.

Terminad con el mejor *crumble* de manzana de Copenhague.

Dirección: 15, Store Kannikestraede.

1722 - Mankamero, Kioto, Japón

Este restaurante es un auténtico museo histórico de la gastronomía. Está situado en una construcción de auténtico estilo *sukiya* (del siglo XVI y caracterizado por las curvas convexas de los tejados y por buscar la integración de las construcciones en la naturaleza), de una belleza única.

Su especialidad son los *yusoku ryori*, banquetes imperiales cuya comida, tradicionalmente, se servía al emperador en pedestales laqueados.

Los chefs adiestrados en la técnica *kappo*, en la famosa y exclusiva escuela *ikama* de cocina, son capaces de desmembrar y rebanar un pescado sin tocarlo, en una verdadera danza, en la cual incluso las ropas y los adornos son especiales.

Sin embargo, tened cuidado: un banquete *ryori* para dos puede costar fácilmente… ¡30.000 yenes (210 euros)!

Como alternativa económica, podéis pedir un *Takekago bento*, un menú completo que consta de un *sashimi* de *toro* de atún (la ventresca) sobre cubitos de hielo, platos cocidos al vapor y pequeñas muestras de la cocina de Kioto, todo ello en una caja de bambú laqueada que es una verdadera escultura, por «solo» 6.500 yenes (aproximadamente 60 dólares).

Dirección: 387 Demizu-agaru Inokuma-dori Kamigyo-ku, Kioto 602-8118.

1725 - Botín, Madrid, España

Por diversos motivos —entre otros, porque jamás ha cambiado de dirección ni ha cerrado un solo día desde su fundación—, el Libro Guinness de los Récords lo considera el restaurante más antiguo del mundo. Sea como fuere, es un clásico. Todo empezó en 1561, cuando el rey Felipe II trasladó la corte española a Madrid. Como ocurrió con la llegada de nuestra familia real, la necesidad de acoger a toda la nobleza que se trasladaba generó inicialmente el caos en la ciudad. Así, se creó un impuesto llamado *privilegio de exención de huéspedes*, que correspondía a un pago que debía abonar cualquier dueño de inmueble con más de una planta que no quisiera acoger visitantes, y, gracias a los registros públicos, sabemos que el edificio del Botín está fechado en 1590, cuando su entonces dueño se inscribió como contribuyente. Por cierto, el horno de leña es aún el original de aquella época.

En el citado año 1725, el restaurante fue fundado por el cocinero francés Jean Botín y su esposa asturiana. Tras su muerte, sin herederos, asumió la dirección su sobrino Cándido Remis, que cambió el nombre del restaurante a Sobrino de Botín, para de ese modo asegurarse la clientela. Cuenta la leyenda que Goya, en los inicios de su carrera, hacia 1760, fue lavaplatos del restaurante.

A finales del siglo XIX la familia González-Martín se quedó con el restaurante, y hoy en día lo regenta ya la tercera generación.

Sus admirados y habituales asiduos fueron muchos y famosos, como John dos Passos, Graham Greene, Scott Fitzgerald y, como no, Hemingway, que llegó a escribir: «Quiero comer un cochinillo y beber un rioja alta en el Botín la víspera de mi muerte».

Por cierto, esta es la gran especialidad del Botín: sus cochinillos, llegados todas las semanas de Segovia y asados a la perfección.

Un buen gazpacho de entrante, un cochinillo y un rioja alta son realmente el ágape definitivo. ¡Hemingway estaba en lo cierto!

Dirección: Calle Cuchilleros, 17.

1784 - Tavares Rico, Lisboa, Portugal

Abierto como tasca, un sencillo local de comidas, en 1861 experimentó una gran reforma que lo transformó en el restaurante más chic de Lisboa.

Se encuentra en el Chiado, el antiguo barrio bohemio de la ciudad, que fue destruido por un incendio provocado en 1988 y felizmente reconstruido y revitalizado. El viejo Tavares aguantó firme y reabrió sus puertas dos días después del incendio.

Fue sede de los famosos e inmortales almuerzos de la Cofradía de los Vencidos de la Vida, fundada por Eça de Queirós, Ramalho Ortigão, Guerra Junqueiro y otros intelectuales de la época.

Fue testigo de las peleas literarias y gastronómicas entre Eça y Bulhão Pato, poeta mediocre, pero gran *gourmand*, que acabó siendo homenajeado con la receta de las deliciosas *Almejas a la Bulhão Pato*.

Fue víctima también de uno de los mayores y más famosos engaños de la historia cuando en 1971 un grupo de bromistas hizo una reserva para 20 personas en nombre del jeque Ibn Seddach. Llegaron en un Rolls Royce y dos Mercedes Benz escoltados por la policía. Comieron y bebieron de lo bueno y lo mejor y pidieron que la cuenta fuese enviada al hotel del jeque.

Ocurrió que un periodista, presente en el local, publicó al día siguiente que había una reunión secreta de la OPEP en Lisboa. También había caído en el engaño. La farsa fue desenmascarada, y se descubrió que no existía tal jeque, que la escolta de la policía era falsa y que los «árabes» eran un grupo de conocidos personajes de la sociedad lisboeta.

Picarescas aparte, si vais al restaurante no os perdáis las citadas almejas, que no siempre están en la carta pero se pueden pedir, y las Gambas Tigre (gigantes) a la parrilla sobre puerros con un *chutney* de cítricos.

Dirección: Rua da Misericórdia, 37

1798 - Rules, Londres, Inglaterra

Una verdadera fiebre de ostras se apoderó de Europa en el siglo XVIII y fue entonces cuando surgieron por todas partes casas especializadas en ellas, que dieron origen a la expresión *oyster bar*. Fue una de estas la que abrió Thomas Rule en el Covent Garden. Dicho sea de paso, el nombre del lugar proviene de la huerta que el convento de San Pedro tenía allí y que acabó convirtiéndose en un local de venta de verduras y hortalizas frescas para toda la ciudad. Hacia 1650, el Covent Garden fue transformado en un gran mercado que vendía comidas y condimentos de todo el mundo.

Volviendo a la historia del Rules, ya en 1820 el *oyster bar* se había transformado en un bonito restaurante, que, mediante sucesivas reformas, se ha convertido en uno de los locales con más encanto de la ciudad.

Su especialidad es la caza, y la carta cambia con cada estación de caza, según el tipo de carne obtenido. Tiene su propia reserva forestal en High Pennines, de donde traen ciervos, gansos, ánades, alces y otras carnes excepcionales.

Nunca me entusiasmaron los pasteles ingleses, ni la comida inglesa en general —¿cómo un país que dominó el mundo durante siglos no fue capaz de aprender nada de cocina?—, pero el Rules rompió este esquema. Vale la pena probar su Pastel de carne, riñones y ostras *(Steak, kidney and oyster pie)*, además de las carnes de caza de cada estación y del clásico *Welsh rarebite*, una deliciosa sopa de queso con cerveza que los ingleses robaron a los galeses.

Por lo que se refiere a las bebidas, entenderéis hasta qué punto salió ganando Inglaterra con el Tratado de Methuen (o Tratado de los Paños y los Vinos, de 1703) cuando probéis los rarísimos vinos de Oporto Sandeman de 1955 y 1963, de los que apenas quedan. Pero cuidado, pues una copa de estos vinos cuesta tanto como una comida entera.

También vale la pena tomar una copa de Grouse & Ginger, un clásico inglés hecho de whisky Famous Grouse, *ginger beer* (cerveza de jengibre), limón y mucho hielo.

Dirección: 35, Maiden Lane.

1826 - Union Oyster House, Boston, Estados Unidos

En un edificio histórico repleto de historias (de hecho, casi todos los edificios de Boston están repletos de historias...) inició su andadura como Atwood & Bacon, aprovechando la proximidad del puerto, de donde procedía toda su materia prima. El mostrador semicircular del Oyster Bar donde sus clientes podían comer ostras de pie, sigue ahí, sirviendo especialidades como las ostras locales, *Cape Cod Cherrystones*, mariscos, almejas e infinidad de pescados.

Un dato curioso es que el futuro rey de Francia, Luis Felipe Orleans (que reinó de 1830 a 1848 como «padre del pueblo»), vivió en el sótano del mismo edificio en 1796, donde impartía clases de francés para sobrevivir durante su exilio forzado por la Revolución Francesa.

Otra curiosidad tiene que ver con Brasil. El millonario Charles Foster descubrió en Brasil una versión hecha por los indígenas de los palillos de naranjo, fabricados manualmente por las monjas portuguesas del siglo XVI, que vendían en su convento dulces muy pegajosos y, como regalo, ofrecían dichos palillos. Foster pensó que era una buena idea importar los palillos de Brasil y, como técnica de venta, contrataba a estudiantes de Harvard para comer en Union Oyster House y solicitar los palillos al final de la comida.

Evidentemente, la recomendación de la casa son las ostras fresquísimas, además de la *Clam Chowder*, una sopa de almejas muy típica de Nueva Inglaterra, en Estados Unidos.

No dejéis de probar la Anchor Steam Beer, una cerveza de alta fermentación y pequeña producción, traída desde California, cuyo particular proceso de enfriamiento del líquido crea una nube de vapor *(steam)* alrededor de la fábrica. El Union es uno de los pocos lugares donde puede encontrarse esta cerveza.

Dirección: 41, Union Street.

PEQUEÑO Y BREVE DICCIONARIO HISTÓRICO-CULINARIO

BORSCH: Proviene originalmente de Lituania o de Ucrania, no se sabe a ciencia cierta. Se popularizó en Polonia, donde se elaboraba con nabos y recibía el nombre de *barszcz*. El primer registro del uso de la remolacha en vez de nabos data del siglo XVIII, igual que su versión fría para el verano, llamada *svekolnik* en Ucrania. Su popularidad aumentó entre los judíos por el hecho de que la remolacha era muy barata y fácil de plantar. Las mesas reales de Europa Central siempre rechazaron el *borsch* por ser «comida de pobre».

BULLABESA: No hay duda de que su origen está en Marsella y muy probablemente su forma definitiva viene del siglo XVI, cuando los pescadores marselleses, indignados por los bajos precios que ofrecían los mayoristas, decidieron prepararla en la misma playa, en los *cabanons*, pequeñas cabañas que utilizaban para dormir y guardar su material de pesca. El nombre proviene de la expresión *boullir bas*, es decir, cocinar a fuego lento un ragú de pescados y mariscos hervidos en agua de mar. Las sopas de pescado se conocen desde la Grecia antigua, y su invención se atribuye al legendario cocinero Egis de Rodas o a la diosa Venus.

Servir la bullabesa exige un ritual en el que primero viene el caldo, acompañado de *croûtons* generosamente cubiertos con la también histórica salsa *rouille* (herrumbre), y a continuación se sirven los pescados y mariscos hervidos.

CARPACCIO: Fue creado por el genial Giuseppe Cipriani, fundador del Harry's Bar de Venecia. En 1950 la condesa Amalia Nani Mocenigo, clienta asidua del bar, pidió a Cipriani un plato ligero que no llevara carne asada ni hervida porque su médico se la había prohibido. El plato se creó y bautizó en homenaje a Vittore Carpaccio, pintor renacentista veneciano, famoso por el uso del color rojo y que aquel año estaba siendo homenajeado con una gran exposición en la ciudad. La salsa de la receta original, según Arrigo Cipriani, hijo de Giuseppe, solo llevaba mayonesa, unas gotas de salsa inglesa, zumo de limón, dos cucharadas soperas de leche, sal y pimienta blanca, todo bien batido y emulsionado.

CHEESECAKE: El postre símbolo de Nueva York no es una invención americana. En su libro *De Agricultura*, publicado en el año 200 a.C., el cónsul romano Catón anotó una receta de *libum*, que probablemente es el bisabuelo de ese pastel de queso. Ateneo de Náucratis, el gran escritor y *gourmet* griego, ya registró tres recetas de antepasados del *cheesecake* en su magistral *Deipnosofistas* (*El banquete de los sofistas*). El cocinero de Ricardo II de Inglaterra, en su libro *The Forme of Cury*, describe el *cheesecake* como uno de los platos preferidos del rey. Sea como fuere, este pastel se introdujo en Nueva York a principios del siglo XX, probablemente traído de Rusia por Arthur Reuben, dueño de la Reuben's Deli. Otras *delis* lo copiaron, como las famosas Lindy's y Junior's, y lo convirtieron en una sobremesa inmortal. En una entrevista, Reuben declaró que en su tierra natal la receta se llamaba *pashka*.

CREMA CHANTILLY: La invención de esta inmortal crema está vinculada a la trágica historia de Fritz Vatel. Chef y mayordomo del castillo de

Chantilly, recibió el encargo de organizar la recepción del rey Luis XIV en 1671: un banquete para 3.000 personas. Cuenta la leyenda que Vatel había elaborado la crema para la ocasión, utilizando la leche de la región muy rica en grasa, una rama de vainilla y azúcar. Pero, según los escépticos, fue por casualidad. También hay otra teoría que sitúa la invención diez años antes de este acontecimiento. Sea como fuere, lo sirvió por primera vez en el también famoso banquete de inauguración del castillo de Vaux-le-Vicomte cuando servía a Fouquet. Por razones que se desconocen, le daría ese nombre diez años después. Pero volviendo a la recepción en homenaje a Luis XIV, comparecieron más invitados de los que se había calculado. Una tormenta acabó con una monumental hoguera en la que habían de asarse unos 500 kilos de carne de todo tipo, y Vatel se hundió totalmente con este fracaso. Al día siguiente debían llegar dos carros de pescado fresco, que una vez cocinados redimirían la humillación previa. Ocurrió que la llegada del pescado encargado se retrasó y Vatel, desesperado, se suicidó (tenía 36 años). Dicen que su último suspiro coincidió con la entrada de los carros que finalmente llegaron al castillo. Vatel no vivió para ver la gran y eterna gloria de su genial invento.

CUBIERTOS: La expresión nació en el siglo XV en Francia, cuando, por una cuestión de higiene, en los restaurantes se llevaban los platos a los clientes cubiertos *(couvert)* con una servilleta, que se cobraba. En el siglo XVII, cuando los restaurantes empezaron a ofrecer tenedores y cuchillos al lado de los platos, incorporaron su coste al *couvert*, ya que nadie tenía cuchillos en casa y muchos eran robados.

ENSALADA CÉSAR: Durante la prohibición de la Ley Seca, precisamente en la festividad del 4 de julio de 1924 un grupo de actores de Hollywood decidió atravesar la frontera para jugar y beber en Tijuana, México. Fueron al Caesar's Palace, cuyo dueño era un inmigrante siciliano llamado Caesar Cardini, y pidieron ensalada para acompañar las bebidas. Caesar entró en pánico, pues se preguntaba dónde encontrar ingredientes para una ensalada en plena conmemoración festiva de la independencia de los Estados Unidos.

Para salir del paso, Caesar rebuscó en la cocina y encontró algunas lechugas, de las cuales retiró los corazones. Hizo unos *croûtons* con ajo y llevó la ensalada al salón con todo el resto de ingredientes que había en la cocina: huevos, anchoas, mostaza, aceite, salsa inglesa, queso rallado y limón. Puso las lechugas y los *croûtons* en un plato y, delante de todo el mundo, y con una buena dosis de teatralidad, mezcló la salsa con todos los ingredientes, creando así la que sería la reina de las ensaladas del siglo XX. Hay controversia sobre si la salsa la había creado el hermano de Caesar, Alex, o su socio Paul Maggiora, que había sido cocinero en la Fuerza Aérea italiana. También planea en el aire otra duda: si, en la receta original, había anchoas molidas en la salsa.

ENSALADA WALDORF: La única certeza que hay sobre esta ensalada es que tiene su origen en ese fabuloso hotel de Nueva York fundado en 1893 por John Jacob Astor, inmigrante de la ciudad alemana de Waldorf. La receta original mezclaba manzanas verdes, perejil y mayonesa. Se convirtió en un clásico de la ciudad, y después de todo el mundo. En los 30 años siguientes, muy probablemente en la década de los años veinte, se añadieron nueces a la receta, que quedó así en su forma definitiva.

El gran problema es el debate sobre quién fue el autor de la receta. La mayoría de investigadores la atribuye a Oscar Tschirky, maître del hotel desde su inauguración, que la habría inventado con ocasión de «una cena de beneficencia para 1.500 invitados de Boston, Baltimore y Filadelfia», según un periódico de la época. Además, en su libro *The Cookbook by Oscar of the Waldorf*, de 1896, cita la receta como suya. Hay otro grupo de investigadores que la atribuye al inmortal Escoffier, genial e histórico cocinero que la habría creado en homenaje al amigo Astor y que se la habría regalado a Oscar.

FONDUE: En el siglo XVII hubo una superproducción de quesos en las aldeas de los Alpes suizos. Con la llegada del invierno, los quesos se endurecieron y se hizo imposible cortarlos y consumirlos. Algún genio tuvo la idea de derretir el exceso, añadirle algún tipo de alcohol (vino o aguardiente de cerezas, el *kirsch*) para conservarlo mejor y después dejarlo endurecer lentamente antes de consumirlo. Si volvía a endurecerse demasiado, bastaría con derretirlo de nuevo. La idea se puso en práctica en un enorme almacén, con un gigantesco caldero. Cuando el queso se hubo derretido, otro genio tuvo la idea de probarlo, metiendo en la masa un florete con un trozo de pan en la punta: surgió así el manjar de los dioses, plato nacional de Suiza. Con todo, recordar que ya en la *Ilíada* de Homero, en el Canto XI, se describe una receta consistente en queso de cabra rallado, mezclado con vino de Pramnos, harina y miel, que actúa como «droga del olvido»..

GAZPACHO: En Andalucía, según decía Juan Carlos Alonso, cronista gastronómico español, cada uno tiene su receta de gazpacho, igual que cada individuo tiene su verdad. La receta es muy antigua, de origen andaluz, y era la comida de los estratos más pobres de la población. Originalmente era una pasta de pan, ajo y aceite, hecha en un cuenco de madera llamado dornillo. De ahí evolucionó a una crema llamada *capón de galera*, también a base de pan, que llevaba trozos de anchoa, ajo, vinagre, azúcar, sal y aceite. La llegada del tomate y de los pimientos procedentes de América enriqueció la crema, que, como muchos otros platos, pasó de «comida de pobres» a «manjar de ricos». José Briz, director de cine malagueño que ha escrito un libro que habla exclusivamente del gazpacho, atribuye dicho nombre a una derivación de la palabra hebraica *gazaz*, que significa «romper el pan en pedacitos» o fragmentar el pan.

GNOCCHI: La escritora italiana Anna Bini considera los ñoquis el Prozac de los italianos: «Cuando un italiano come un ñoqui se siente como un niño, como si su *mamma* le estuviera acariciando la cabeza y besándolo». En el *Decamerón* de Boccaccio, la imagen de los ñoquis rodando sobre montañas de queso parmesano rallado es antológica.
Los orígenes del plato son imprecisos y difíciles de definir. Según una corriente, desciende de los raviolis, de la época en que no estaban rellenos: los *ravioli ignundi*. Luego hay otra corriente que considera que es una historia muy parecida a la del *Gefilte fish* de los judíos, o sea, que las minibolas de masa eran una alternativa de alimentación barata de las clases pobres que

acabó convirtiéndose en una obsesión nacional. Su nombre deriva de *gnec*, *nodo* o *nocca*, según la región o el dialecto, y esas palabras derivan del lombardo *knobha*, es decir, tonto, bobo, imbécil. Algunas versiones tienen nombres curiosos, como el *strangulapreti* (estrangula-curas) de Muro Lacano, o el *strozzaprete* (asfixia-curas) de la Toscana y el *strangulaprievete* de Nápoles.
En Brasil, la versión de los *gnocchi* de mandioca ha tenido mucho éxito.

GOULASH: Su receta data del siglo X, y su nombre húngaro original, *gulyás hus*, significa «carne de pastor», pues era la receta tradicional de los pastores: carne rehogada con cebollas en su propio jugo. En el siglo XVI se le añadió pimentón, recién llegado de América, y así se recuperó una receta que estaba un poco olvidada. Desde Hungría se extendió al resto del mundo.

GUARANÁ: Esto no es historia, sino una bellísima leyenda:
Cuenta la tradición oral de los indios saterê-mauê que el guaraná nació de los ojos de un niño... Éranse una vez tres hermanos, Okumáató, Ikuamã y Onhiamuaçabê, esta una joven soltera y protegida por todos los animales del bosque, lo que provocaba celos en sus hermanos, que la querían siempre como compañía, por sus conocimientos sobre las plantas medicinales. Cierto día, una cobra se cruzó en el camino de Onhiamuaçabê y la tocó ligeramente en una de las piernas, dejándola embarazada. Según la mitología indígena, para que una mujer se quedara embarazada bastaba con que fuera tocada por cualquier hombre, animal o planta que la deseara como esposa. De ese contacto nació un niño lindo y fuerte. Cuando ya tenía edad para entender las cosas, el niño oyó que su madre, al sentirlo en el vientre, había plantado para él un castaño de Noçoquém (lugar sagrado de todos los animales y plantas útiles), pero que sus hermanos —los tíos del niño— tomaron el terreno y la expulsaron debido a su embarazo. Un día, el niño decidió comer castañas, pero el lugar estaba vigilado por el agutí, el guacamayo y el periquito. Este lo denunció a Okumáató y a Ikuamã. Al día siguiente, cuando el pequeño Saterê-Mauê volvió a Noçoquém, los vigilantes lo esperaban para matarlo. Onhiamuaçabê, presintiendo la muerte del hijo, corrió a defenderlo, pero el niño ya había sido decapitado. Desesperada,

juró sobre el cadáver de su hijo dar continuidad a su existencia. Le arrancó el ojo izquierdo y lo plantó en la tierra, pero no dio fruto; era el *guaraná-rana* (guaraná falso). De inmediato le arrancó el ojo derecho, y de este sí nació el verdadero guaraná. Y, como todavía lo sentía vivo, exclamó: «Tú, hijo mío, serás la mayor fuerza de la naturaleza; harás el bien a todos los hombres y los curarás y librarás de las dolencias». Y la planta del guaraná fue creciendo, creciendo... Pasado algún tiempo, Onhiamuaçabê fue atraída varias veces por ruidos en la sepultura de su hijo, y cada vez que la abría, de ella salía un animal. Así fue como nacieron el macaco, el perro, el pecarí de collar y el oso hormiguero. De nuevo atraída por los ruidos, abrió otra vez la sepultura del hijo, y de ella salió un niño, el primer mauê. Era su hijo que resucitaba. Nadie sabe cuándo los mauês descubrieron y domesticaron la planta silvestre del guaraná, pero sus historias cuentan que el guaraná es hijo de una india que dominaba el secreto de las plantas medicinales y sabía preparar los remedios con ellas.

HAMBURGUESA: Según la investigadora gastronómica Anya Bremzen, la hamburguesa es América en un plato. Y, también según ella, se consumen 30 mil millones (sí, ¡30 mil millones!) de hamburguesas al año en Estados Unidos —100 por habitante al año u 8,5 por habitante al mes.
Los marineros alemanes entraron en contacto con el *steak tartar* en Oriente en el siglo XIV y, al importarlo, lo bautizaron como *hamburgo*, en homenaje al puerto desde donde habían zarpado. Los franceses le atribuyeron erróneamente el nombre de *tartar* al imaginar un origen mongol por el hábito de comer carne cruda. En realidad, el consumo de *bitki*, un bistec de carne cruda picada, de buey o caballo, aderezado apenas con sal y pimienta, era una antigua costumbre rusa. De todos modos, los alemanes se lo llevaron a Occidente —lo que explica por qué el *steak tartar* es el plato típico de muchos restaurantes alemanes— y en algún momento acabaron por asarlo a la parrilla.
Por lo visto, su aparición en Estados Unidos tuvo lugar en 1834 en el restaurante Delmonico's de Wall Street, en Nueva York, llegado a través de un cocinero inmigrante alemán. En la carta aparecía por primera vez el *hamburguer*

steak, servido simplemente con cebolla frita. En 1885, «Hamburguer» Charlie Nagreen de Seymour, un chico de 15 años de Wisconsin, tuvo la idea de hacer los bistecs circulares para que cupieran mejor en el pan de molde y así pudieran consumirse en los partidos de béisbol. La hamburguesa se consagró en la Feria Mundial de St. Louis de 1904, donde un tejano llamado Fletcher *Old Dave* Davis montó un puesto de hamburguesas servidas entre rebanadas de pan. Fue una de las sensaciones de la feria.

En 1921, el cocinero J. Walter Anderson fundó la cafetería White Castle con una novedad: el pan de hamburguesa, redondo como el bistec. En 1954, la cafetería The Rite Spot, en Pasadena (California), introdujo unas lonchas de queso en el sándwich y así fue como se inventó la *cheeseburguer*. En el mismo año se inauguró el primer McDonald's, y a partir de ahí ya conocemos la historia.

HUMMUS: Los orígenes de este plato se pierden en la historia. Se sabe que el garbanzo ya se cultivaba en el período neolítico y también encontramos registros de su empleo por parte de babilonios, egipcios, griegos y romanos. La primera receta conocida proviene de los egipcios, de la época del Imperio Medio, con el nombre de pasta de *her-bik*, es decir, «pasta de pico de halcón», nombre con el que se conocía el garbanzo. En el año 400 a.C., Platón y Sócrates hacen referencia a este plato, y en el año 1200 los países mediterráneos declaran el hummus patrimonio local. Hay que recordar que, en realidad, *garbanzo* es la traducción del término árabe *hummus*, y que el nombre correcto del plato es *Hummus bi Tabini*, o sea, garbanzos y pasta de sésamo. El hummus puede considerarse también uno de los platos nacionales de Israel. Cada quien os dirá un lugar donde hacen el mejor hummus de Israel. Y nunca será el mismo lugar.

MANJAR BLANCO: Este debe de ser uno de los postres más antiguos que se conocen. Sus orígenes no se saben con exactitud, pero existen referencias al *Manjar blanco* en una receta llamada *Cibaria Alba* ('comida blanca') encontrada en los escritos de Apicio. Entró al mundo árabe con las invasiones romanas, y allí obtuvo fama y se convirtió en uno de los postres predilectos.

Una antigua receta persa, *Isfidhabâj*, que también significa 'comida blanca', lo atestigua. Curiosamente, el caldo inicial se hacía con pechuga de pollo o trozos de cordero, que después se aromatizaban con almendras y azúcar. Dicho sea de paso, en los países árabes y en la península Ibérica eran muy comunes los platos dulces a base de pollo.

De nuevo la invasión morisca fue responsable de la inclusión de un nuevo plato en el menú europeo durante la Edad Media. En los siglos XVII y XVIII ya se encuentran recetas con caldo de pollo en los libros portugueses de los maestros Lucas Rigaud y Domingos Rodrigues.

Se fue el pollo y se quedaron las almendras, la leche y el azúcar. Aquí en Brasil, donde hay un maravilloso sincretismo de cocina europea, africana y amerindia, la receta se enriqueció con leche de coco y se consagró como una de las preferidas de la nación.

MAYONESA: Hay varias teorías «confirmadas» sobre el origen de esta salsa considerada la salsa de todas las salsas. La más popular sitúa el origen de esta alquimia en el día 28 de julio de 1756, cuando la descubrieron las tropas del poderoso duque de Richelieu durante el cerco a la ciudad de Mahón, actual capital de la isla de Menorca.

Según parece, la noche anterior al cerco no se podía encender fuego para que no se descubriera la presencia de tropas. Entonces el cocinero elaboró una salsa fría mezclando aceite y huevo. Hay quien afirma que el propio duque participó en el invento, ya que, dicho sea de paso, era un gran gourmet y tenía la curiosa costumbre de invitar a sus amigos a comidas *au naturel*, en las que los participantes iban desnudos. Del nombre de la ciudad surgió el término mahonesa, o *mayonnaise*.

Los más conservadores creen que el nombre deriva de *moyeu*, que en francés antiguo significaba «yema de huevo», y se habría creado alrededor del año 1600. El genial Carême, el cocinero de los reyes y rey de los cocineros, afirmaba que el nombre derivaba del verbo *manier*, que quiere decir «mezclar», o de su derivado *magner*, cuyo significado sería algo así como «hacer a mano». Hay una curiosa teoría que sitúa la invención de la mayonesa en septiembre de 1589, cuando el duque de Mayen estaba preparándose para atacar las tropas de Enrique IV de Francia y pidió a su cocinero un tentempié antes de la siguiente batalla. Así fue como el cocinero preparó una ensalada de pollo con la nueva salsa maravillosa y la bautizó como *mayonnaise*. Al día siguiente, el duque amaneció con una tremenda diarrea y, debilitado, perdió la batalla. El cocinero fue azotado pero se ganó la gloria de su invento.

Otra teoría dice que la salsa fue inventada en la ciudad de Bayona y que, en algún momento, debido a un error de impresión, *bayonnaise* se convirtió en *mayonnaise*. A favor de esta teoría hay que decir que en diversos libros gastronómicos antiguos aparece la salsa *bayonnaise*, elaborada con huevos, aceite, hierbas y *ciboulette* (el cebollino francés) bien picados.

Sea cual sea su origen, en 1910, Nina Hellman, una ama de casa neoyorkina, empezó a hacer esta salsa, y su marido la fue vendiendo entre amigos y vecinos. Como ya sabemos, el negocio prosperó mucho.

MINESTRONE: Cada italiano le atribuye un origen distinto a esta sopa. Variación de la palabra *minestra* ('sopa'), está presente en los menús de toda Italia. En Génova se atribuye su invención a las mujeres de los marineros, que ponían el caldo de *stoccafisso* (merluza seca o bacalao) a cocinar lentamente con verduras, mientras aguardaban el regreso de sus maridos.

En Liguria, la teoría es que fue inventada por marineros que en el barco cocinaban un *brodo* con judías, batatas y sobras de pasta.

En Lombardía se dice que la sopa únicamente se hacía en invierno y que para ello se utilizaban restos de las verduras de temporada, además de un *sofritto* (de ajo y cebolla). Aunque todas las formas de cocinarla estén de acuerdo en añadirle queso rallado, cada uno termina el plato a su manera. En Génova se añade pesto; en Liguria, *pancetta*; y en otras regiones, pequeños raviolis de carne. En general, es un caldo de carne o pescado con verduras de temporada, algún tipo de pasta y, a veces, trocitos de carne, todo cocido a fuego lento durante mucho rato. Como dicen las camareras del restaurante Rina, escondido entre las callejuelas del puerto de Génova, y en el que se elabora una fantástica minestrone servida en un cuenco del tamaño del estadio de Maracaná: «Comeos toda esta sopa y entenderéis el alma de Génova».

MOLE POBLANO: Inmortalizado en las películas *Chocolate* y *Como agua para chocolate*, la salsa de chocolate, chiles y especias, al contrario de lo que muchos piensan, apareció en 1680, en la ciudad mexicana de Puebla. Concretamente en el convento de Santa Rosa, de manos de la madre superiora Sor Andrea de la Asunción, que en el último momento tuvo que sustituir a la hermana cocinera, enferma, el día de la visita del virrey de la entonces Nueva España. Ya se había asado un gigantesco guajolote (pavo), relleno de castañas. Faltaba la salsa final para abrir el corazón y los bolsillos del virrey.

La hermana Andrea empezó por tostar varios tipos de chiles (pimientos), entre mulato, pasilla y chipotle. Después los frio en grasa para que soltaran su sabor. Añadió canela, clavos, anís y otras especias. En su molcajete (pilón de piedra de origen maya) picó cacahuetes, almendras y sésamo. Al final agregó chocolate amargo molido, con lo que sumó 100 ingredientes y seis horas de trabajo. Es cierto que los mayas y los aztecas ya utilizaban el chocolate como ingrediente de comidas y bebidas, pero nunca en una salsa. *Mole* es el nombre genérico que se da a las salsas en México. Así, tenemos el mole pipian, hecho de semillas de calabaza y tomates verdes; el mole de olla, hecho con mijo y calabacín, y muchos otros. El mole poblano está elaborado con chocolate.

PERRITO CALIENTE: Hay más de diez historias distintas sobre el origen del *hot dog* y la salchicha. La más aceptada cuenta que la salchicha *hot dog*, en la forma en que la conocemos hoy, se habría creado en Frankfurt en 1487. Por eso se la conoce actualmente como *frankfurt*. La idea de colocar la salchicha en un panecillo ya se le había ocurrido a Harry Mosley Stevens, vendedor ambulante del estadio Polo Grounds de Nueva York, durante un partido de béisbol de los Giants, en 1902. Un frío día de abril sus ventas de refrescos y helados iban muy mal y se le ocurrió vender algo caliente, por ejemplo, salchichas cocidas. Por una cuestión práctica, las metió dentro de un pan, para que los aficionados tuvieran algo con que agarrar y comer las salchichas. Los vendedores gritaban a los aficionados: «*They're hot! Get your sausages while they're hot!*». (¡Están calientes! ¡Compren las salchichas mientras estén calientes!).

El humorista gráfico T. A. «TAD» Dorgan escuchó los gritos y vio el éxito que tenían los bocadillos. Al día siguiente, junto con las caricaturas del partido, publicó en el periódico deportivo en que trabajaba una viñeta de una salchicha con patas, rabo y hocico, que parecía un perro salchicha (de raza *dachshund*). Con las prisas, y como no sabía cómo se escribía correctamente el nombre de la raza, puso la leyenda *hot dog*, como si hubiera sido uno de los éxitos del partido. Como es sabido, la caricatura fue un escándalo, y el bocadillo acabó por llamarse así.

PESTO: Su origen es bien conocido: Génova, en Liguria, la región de la albahaca. El nombre deriva del verbo *pestare* (amasar) y su historia viene de lejos, del tiempo de los antiguos griegos, en el que se hacía una pasta de albahaca para dar sabor al vino. En 1992 se fundó en Liguria la Confraternità del Pesto, una fraternidad de «caballeros del pesto» que defendía su receta original y la correcta proporción de los ingredientes. No admitían otro queso que no fuera el *parmigiano-reggiano* (cuatro cucharadas), enriquecido con dos cucharadas de queso *pecorino* y albahaca de Pra (*Ocimum basilicum*), con hojas de no más de tres centímetros (dos tazas). Únicamente se empleaba aceite extravirgen, preferiblemente de Liguria (seis cucharadas), piñones, un diente de ajo y sal. Esta era la receta secreta de la cofradía.

PIZZA: El más americano, o el más brasileño, de los platos italianos. La salvación de los domingos por la noche, de los estudiantes y de aquellos que están pasando por estrecheces económicas, la pizza también tiene su asociación defensora, la Associazione Verace Pizza Napoletana, fundada en 1984 para defender las tradiciones y recetas de ese patrimonio de Nápoles. La asociación logró un diputado e incluso luchó por tener una denominación de origen (DO), como el coñac o el champán en Francia. Sus reglas draconianas dicen que la única pizza que puede denominarse napolitana es aquella que se ajusta al documento *Reglamento de la pizza*, por ejemplo, que establece para la *Margherita*:

«Un disco de masa estirada a mano, del tamaño de un plato y con bordes gruesos [se indican las medidas, que no voy a repetir para no ser cansino]. Debe cocerse al horno hasta que se dore y quede crujiente en la superficie y más blanda en el centro. Se cubre con una salsa fría de tomates de San Marzano, machacados a mano y ligeramente aderezados. Entonces se colocan tres (solo tres) pedazos grandes y finos de mozzarella de búfala, un chorrito del más puro aceite de oliva, y dos, ni una ni tres, hojitas de albahaca».

Esa receta fue creada en 1867 por Raffaele Esposito en honor de la reina Margarita de Piamonte, que por aquel entonces visitó Nápoles y quiso probar las delicias del lugar. La idea del autor fue homenajear a la reina con una pizza hecha con los colores nacionales. Los descendientes de Esposito siguen atendiendo a los clientes en la Pizzeria Brandi de Nápoles.

En realidad, el concepto de pizza ya era conocido por griegos y romanos, y su origen está en el pan bíblico, algo muy parecido a la *pita* árabe. Conocido como *picea*, cumplía las funciones del pan y se comía a cualquier hora. Los griegos empezaron a aderezar la *picea* con aceite, sal y hierbas y a consumirla como plato, algo muy parecido a la pizza blanca que se sirve como entrante en algunas pizzerías. Ya en aquella época, cuanto más pobre era la región o la ciudad, más grande era la masa. Cosas del hambre…

Curiosamente, la palabra *pizza* aparece por vez primera en el *Codex cajetanus* (año 997) y designa una torta de masa cubierta de ajo y grasa de cerdo. En algún momento de la historia fue creada en la Provenza, la *pissaladière*, una torta de cebollas simplemente deliciosa y que está en un punto de transición entre la torta y la pizza. Yo, por ejemplo, suelo hacer la *pissaladière* con masa de pizza. En 1497, con la expulsión de los judíos de la península Ibérica, el tomate llegó a Italia y en un principio se utilizó para cubrir la *picea*, haciendo que se pareciera más a la pizza actual. En el siglo XVIII, Nápoles ya era la capital mundial de la pizza. En 1760 se creó, en una cantina del puerto, la pizza *Marinara*, elaborada con tomates, ajo, orégano y aceite, que se servía como desayuno a los marineros que regresaban del mar.

Aquí en São Paulo una curiosidad llevó a una costumbre. Por motivos desconocidos, la receta original llegada con los inmigrantes italianos terminó en manos de los panaderos, que vendían pizzas mucho antes de que tuviéramos la primera pizzería. Posteriormente se fue modificando la receta, cada vez más próxima a las recetas de pan y con masas más finas y crujientes. Fue del agrado general pero severamente desaprobada por las rígidas reglas de la Associazione.

POLENTA: La polenta es «la luna brillante que ilumina una noche de brumas», según el poeta y novelista italiano Alessandro Manzoni. La polenta, nuestra querida *mameliga* (palabra yiddish robada del rumano) también tuvo una larga historia, que empieza con el *poltos* griego, hecho de trigo sarraceno, o bien *orzo* (cebada). Llega a los romanos y se le llama *puls*, y después tendrá denominaciones especiales como el *puls Julia*, al que se le añadía miel y queso y era obligatorio en la dieta de las tropas del César. Durante la ocupación del norte de África, a la receta se le agregaron trozos de cordero y pasó a llamarse *puls punica*. De ahí a la polenta media solo un paso. La llegada del maíz, a finales del siglo XV y principios del siglo XVI, consolidó la receta definitiva del plato, que se extendió de Venecia —hacia donde habían huido gran parte de los judíos de España y Portugal— al mundo entero. Una de sus características es su simplicidad, pues solamente exige harina de maíz, agua y sal; se cuece en un recipiente de cobre, el *paiolo*, y siempre debe removerse con una pala de madera.

Cabe recordar que, aunque pensemos que *mameliga* y polenta son sinónimos, su origen es distinto. El primer nombre deriva de *malai*, que significa «harina de maíz», y las recetas originales de *mameliga* son ligeramente distintas de las de polenta.

RACLETTE: El término proviene del francés *racler* ('raspar') y designa tanto un tipo de queso como el plato en sí.

El plato se originó en la provincia suiza de Valais, probablemente durante la Edad Media, y su historia se basa en los pastores de la región que, cuando llevaban el ganado a pacer a las montañas, derretían en la comida, alrededor del fuego, un pedazo de queso y lo raspaban sobre el pan. Tradicionalmente, la *raclette* iba acompañada de una bebida caliente o de vino blanco de la región, el Fendant.

Al principio la *raclette* se conocía como *bratchäs* (queso fundido). Una serie de documentos de un monasterio de Nidwalden fechados en el año 1291 cuentan que Guillermo Tell apreciaba mucho este plato, ya que sus constantes desplazamientos por el campo no le permitían acceder a una cocina más variada. Por su origen rural, los acompañamientos son los que llevaban consigo los pastores: *coppa* (un embutido local), conservas de pepinillos y cebolletas, pan... A partir del siglo XVI se adoptó la patata cocida como acompañamiento, que actualmente es tradicional.

RAGÚ: Una de las salsas más malinterpretadas de la cocina italiana, el ragú, tiene su origen en la ciudad de Bolonia (para muchos la capital gastronómica de Italia) y actualmente ha derivado en la desprestigiada salsa. Su fecha de origen es controvertida, pero probablemente se remonte a antes del siglo XVI, pues existen documentos de la Academia de Cozinha Italiana que hablan de agregar tomate a la receta tradicional, que solo llevaba carne y condimentos. Además, su receta fue registrada en la Cámara de Comercio de Bolonia en 1982 y actualmente, en Italia, solo puede ostentar el nombre de *ragú a la boloñesa* el plato que sigue fielmente la receta original.

La salsa nació para rellenar lasañas, y como en aquella época no había picadoras, la carne se picaba con el cuchillo. Se hacía una mezcla con carne de vaca, hígado de pollo, tocino, cebolla, apio y vino, cocidos largamente. La adición de tomate fue muy controvertida, y hasta hoy se admite solamente un ligero sabor de ese ingrediente en la salsa. No es una salsa de tomate con carne, sino una salsa de carne con tomate.

Puesto que se ha desvirtuado en todo el mundo, los puristas de Bolonia no sirven la salsa sobre espagueti sino sobre *tagliatelle* o lasaña. Su gran competidor en Italia es el ragú napolitano, cuyo nombre original, *Ragú alla Guardaporta*, resume perfectamente la esencia de su receta: paciencia y cariño. La gran diferencia es que está elaborado a partir de un trozo de carne entero, normalmente músculo, cocido con vino, tomate y aderezos durante muchas horas. En definitiva, es un digno representante de la cocina napolitana, que se caracteriza por el uso de los sagrados ingredientes mediterráneos: aceite, ajo, tomate y aceitunas.

RISOTTO: Literalmente significa «arrocito», nombre que de algún modo revela sus orígenes inciertos. Debió de nacer como un accidente culinario. Algún *cuoco* perdió el punto del arroz que cocinaba y acabó inventando la delicia que hoy conocemos. Poco comentado en la literatura italiana, la referencia más antigua que se conoce de algo parecido al *risotto* es del escritor árabe Ibn Qutayba (828-889), que cita un dicho popular: «Arroz cocido con mantequilla y azúcar no es algo que se haya inventado en este mundo». A finales del siglo XIX e inicios del XX, el *risotto* se popularizó. El rey Víctor Manuel III fue un gran aficionado y divulgador de las recetas de *risotto*. El *risotto* a la milanesa tiene un origen bien conocido: septiembre del año 1547. Tras 200 años de obras, la catedral del Duomo de Milán estaba a punto de ser terminada. Uno de los maestros artesanos contratados era Valerio de Flandes, vidriero y verdadero genio en la mezcla de ingredientes para obtener colores en sus cristales. Sus colegas sentían cierta envidia de su amarillo purísimo, obtenido con azafrán. Tanto es así que el apellido de su discípulo encargado de las mezclas de colores en la obra era Zafferano y nadie supo nunca su nombre de pila. En ese mes de septiembre se casaba la hija del maestre Valerio, y Zafferano, en homenaje al arte del maestro, preparó un *risotto* con azafrán que fue literalmente devorado hasta el último grano por los invitados. La ópera prima de ese anónimo cocinero quedó para la posteridad.

ROSBIF: Inglaterra es un verdadero misterio gastronómico. Dominó el mundo durante 200 años, recibió influencias de todas las cocinas y, hasta mediados del siglo XX, tenía una gastronomía, en la mejor de las hipótesis, indecente. Sin embargo, tenemos que rendirnos a la excelencia del rosbif. El plato no es más que carne a la parrilla poco hecha. Los ingleses llevaron su receta al límite de la perfección al inventar espetones giratorios especiales para asar la carne por igual. Dichos espetones se colocaban en las enormes chimeneas de cocina y eran movidos por aprendices, los *turnspit boys* (niños que giraban el espetón), que soportaban estoicamente el exceso de humo y calor. En la dinastía Tudor, un cocinero inventor diseñó un sistema de poleas y roldanas que permitió sustituir a los *turnspit boys* por niños que movían una rueda.

Para algunos escritores del siglo XVIII, el rosbif era la esencia del nacionalismo inglés, lo que diferenciaba a los ingleses del resto del mundo, sobre todo de los franceses. En la época las carnes solían cocerse en vez de asarse o hacerse a la parrilla. El nacionalista John Bull (personaje de humor gráfico inglés, creado en 1712, equivalente al Tío Sam americano) decía que la carne al estilo francés era buena para hacer caldos; para comer, solo el rosbif. Incluso hubo una divertida disputa entre el partido laborista y el conservador, para definir si el plato era más *Tory* o más *Labour*. En el siglo XVIII se fundó en Londres el exclusivo club gastronómico The Sublime Society of Beefsteaks, cuyo lema era «Beef and Liberty», y en el que se reunían figuras destacadas de la época e intelectuales para rendir culto al rosbif (y devorarlo).

Curiosamente, la primera mención que encontramos en los libros sobre la técnica de hacer rosbif es de 1615, en *The English Housewife*, de Gervase Markhan. Las proporciones exactas de nuez moscada, clavo y canela que debían mezclarse con sal para lograr un sabor perfecto eran el gran secreto revelado por el libro. En 1741, en el libro *The Art of Cookery Made Plain and Easy*, la autora Hannah Glasse da instrucciones precisas sobre cómo encender el fuego para obtener un rosbif perfecto y cita, por primera vez en un libro, su eterno y perfecto acompañamiento, el pudin de Yorkshire, elaborado con huevos, harina y leche, y cocinado en la grasa resultante del asado. Procedente del norte de Inglaterra, ese complemento ya nunca más abandonó a su compañero, y la pareja se transformó en aquello que la BBC denominaba «la cena oficial en Inglaterra de los domingos por la noche».

SEVICHE: Antes que nada, una puntualización de Ricardo Alcalde Mongrut, especialista en gastronomía peruana, quien insiste en que debe escribirse «seviche», con *s* y no con *c*. Las polémicas en torno a la *s* o la *c* derivan de la raíz del nombre, que puede haber venido de *cebo* (anzuelo) o de *chicha* y por eso llevaría una *c*, o bien de la palabra quechua *siwichi* (mal cocido) o del árabe *sikba*, lo cual justificaría entonces la *s*.

Una tesis defendía que la receta es de los incas, que marinaban el pescado con chiles (pimientos) y *chicha* (zumo de maracuyá amargo), pues el limón no llegó a América hasta el siglo XVI. Según otra fuente, la receta la trajeron los navegantes procedentes de Oriente, posiblemente Irán o Siria, donde se conoce una receta muy parecida llamada *tarator* o *sikba*. Sea como fuere, los peruanos defienden que un buen seviche se hace con pescado blanco, limón peruano (muy parecido a la lima), ají amarillo picado (un pimiento suave), cebolla picada y nada más. El líquido que queda en el plato tras marinarlo se conoce como «leche de tigre» y se recomienda para cortar las borracheras.

SUFLÉ: El plato más temido por todos los cocineros, por las muchas posibilidades de error al cocinarlo, tiene sus orígenes perdidos en el tiempo. El uso de claras batidas es secular. En el Renacimiento ya se encontraban recetas de merengues. Asimismo, en la Francia prerrevolucionaria había constancia del añadido de azúcar en las claras; el merengue era la sensación en la corte de Luis XV. Ya por aquel entonces, el temor de los cocineros a arruinar el postre hacía que asaran las claras dentro de masas, normalmente crujientes. A principios del siglo XIX, Marie-Antoine Carême empezó a experimentar con el horno de convección, es decir, aquel en el que el calor no procedía de las llamas inferiores sino que se generaba también en una cámara externa y circulaba por el horno mediante conductos. El calor del horno quemaba las claras, y Carême tuvo la idea de colocarlas en un recipiente de cerámica, logrando así que se hincharan y crecieran más. Ese principio de hinchar, en el sentido de robar aire dentro de la masa, dio nombre al plato, ya que el verbo *souffler* significa «hinchar». Silvio Lancellotti, en su magnífico *Cozinha Clássica*, reproduce las reglas básicas de Carême para el suflé:

- No se recomienda usar huevos frescos. La yema fresca tiñe las claras.
- Una cantidad mínima de mantequilla u otras grasas. Las grasas retardan el proceso de «respiración».
- La combinación de las claras con otros ingredientes debe ser perfecta y absoluta. Cuanto más se bata y airee, mejor.
- El horno debe encenderse una hora antes de su uso. La retirada del suflé del horno es una operación de logística, sin choques térmicos, que debe realizarse con las puertas y ventanas cerradas.
- Del horno a la mesa, sin paradas ni excepciones.

SUSHI: Una de las mayores obsesiones gastronómicas del siglo XX, si no la mayor, nació no como plato sino como forma de conservación del pescado. Muy probablemente es originario del delta del río Mekong, donde existía el hábito de salar el pescado, después limpiarlo y colocarlo entre capas de arroz cocido bajo el peso de una piedra durante varias semanas. Después se retiraba la piedra y se guardaba la masa de arroz durante unos cuantos meses. El ácido láctico originado por la fermentación del arroz conservaba el pescado y le daba sabor a conserva.

Esta receta llegó a Japón y se sabe que en Shiba —un barrio de Tokio— existía un plato llamado *narezushi* o *funazushi*, que data de aproximadamente 1.300 años. No son más que carpas pequeñas del lago Biwa fermentadas en arroz. Dada la predilección de los japoneses por el arroz, sobre todo como acompañamiento de pescados y mariscos, ese ingrediente se fue añadiendo a recetas como la del *sushi*. Por ejemplo, surgió en el siglo XV el *namanarezushi*, en el cual el pescado se adobaba muy poco y se dejaba prácticamente crudo. Se dice que alrededor del siglo XVII, dada la poca paciencia de los nobles de Edo (el nombre de Tokio en la época), estos añadían vinagre al arroz para obtener el gusto de la fermentación sin tener que esperar los meses necesarios. También se dice que el *sushi* tal como lo conocemos hoy fue creado por el *sushi shokunin* (maestro de *sushi*) Hanaya Yohei. Hacia el año 1820 decidió, en su puesto de *sushi* en Tokio, colocar lonchas de *sashimi* (pescado crudo) sobre el arroz con vinagre y venderlos a pares. Fue tal el éxito que obtuvo, que empezaron a proliferar puestos de *sushi*, que allí se quedaron hasta la ocupación americana en la Segunda Guerra Mundial. Después de la guerra resurgieron como restaurantes.

VITELLO TONNATTO: En 1891, cuando Italia acababa de reunificarse, Pellegrino Artusi, mercader de sedas y *bon vivant*, decidió que también tenía que reunificar las mesas italianas. Así fue como publicó el magnífico clásico de la cocina italiana *La scienza in cucina e l'arte di mangiar bene* (La ciencia de la cocina y el arte del buen comer), en el que se describía la gastronomía italiana con todo lujo de detalles desde el norte hasta el sur. Entre sus platos preferidos destacaba la ternera en lonchas con salsa de atún, un clásico de verano. Nacido con el propósito obvio de aprovechar las sobras de la ternera asada, este plato acabó cruzando la frontera del reaprovechamiento y se convirtió en todo un éxito. Consiste en lonchas de ternera asada, cubiertas por una salsa que lleva atún, yemas de huevo duro, anchoas y alcaparras picadas, mezclado todo con aceite y formando una especie de salsa. El plato se decora con alcaparras, rodajas de limón y perejil. Algunos restaurantes brasileños han preparado el plato con finísimas lonchas de lomo a la parrilla y el resultado es excelente.

WELSH RAREBITS: Este plato, poco conocido en la actualidad, fue un clásico de inicios del siglo XX, una de las pocas contribuciones de la cocina inglesa al mundo. La traducción de su nombre es algo así como «delicias galesas». El *Welsh rarebits* proviene de Gales y se utilizaba como un platillo que se tomaba entre la comida y el postre, igual que se sirven los quesos hoy día. Aunque se calcula que es muy antiguo, la receta más remota de la que se tiene constancia data del año 1700 aproximadamente, de la familia Miller, propietaria del albergue Hitchin en Hertfordshire. A Brillat Savarin le encantó la receta y acabó por incluirla en uno de sus libros.

Las mujeres de los cazadores que salían a cazar conejos y liebres y volvían con las manos vacías lo hacían rápidamente para sustituir la caza que no había llegado, y se burlaban de sus maridos bautizando el plato como *Welsh rabbit* ('conejo galés').

Se trata de una crema hecha a base de dos quesos, tradicionalmente el *cheddar* y otro queso amarillo fuerte, como el *cheshire* o el *gloucester*, condimentados con mostaza, sal y pimienta y regados con cerveza. Si utilizáramos cerveza negra amarga, el plato pasaría a llamarse *Black buck*.

WIENNER SCHNITZEL: Lo más obvio del *Wienner Schnitzel* es que procede de Viena, ¿no es cierto? Pues según algunos estudiosos, no es cierto. Esa maravillosa preparación, que no es más que un ligerísimo filete a la milanesa, no se habría inventado en Viena, sino que habría sido llevada allí por el mariscal Radetzky, el mismo de la marcha de Strauss. Dicho mariscal fue enviado a Italia para controlar una de las innumerables rebeliones contra los Habsburgo y en 1840 volvió de allí con una receta típica de Lombardía, la *Cotoletta alla Milanese*, con la cual homenajeó a su emperador, Fernando I. Al goloso emperador le encantó la receta y mandó a su chef que la reprodujera. Dado el poder que tenía Austria en la época, en poco tiempo toda Europa conocía los filetes de moda en Viena. La veracidad de esta historia ha sido cuestionada y discutida por italianos y austríacos hasta la actualidad. El caso es que el plato funcionó, se convirtió en un clásico y todavía fue más clásico su aprovechamiento al día siguiente como sándwich acompañado de mayonesa con bastante limón.

Una curiosidad: el sector italiano cuenta que la *cotoletta* estaba hecha originalmente de cerdo, por ser una carne más tierna, y que algunos *Italkim* (judíos tradicionales italianos) iniciaron el hábito de emplear carne bovina en ese plato. Hoy en día se utiliza más la ternera.

He aquí dos consejos típicos para preparar este plato:

- Cuando vayáis a batir el huevo para rebozar, batid primero las claras y luego añadid las yemas, y así quedará más ligero.
- Durante la preparación, trabajad con rapidez. El filete debe pasarse por el huevo, la harina de trigo y después el pan rallado muy deprisa, para no empaparlo demasiado ni que quede excesiva corteza.

GLOSARIO DE TÉRMINOS JUDÍOS

ASQUENAZÍES	Nombre dado a los judíos que se asentaron en la Europa central y oriental; zona llamada por los judíos medievales «Askenaz» hacia comienzos del siglo X.
BIMOT	Plural de bima, que significa altar o púlpito para la lectura de la Torá.
CÁBALA	Sistema de pensamiento místico y esotérico originado a partir de interpretaciones de la Torá.
CASHRUT	Compilación de las leyes alimentarias del judaísmo.
GRIBENES	Chicharrones de piel de aves.
HALAJÁ	Recopilación de tradiciones, obligaciones y mandamientos de uso cotidiano del pueblo judío.
IUJ	Caldo de gallina.
JALÁ	Pan trenzado especial, normalmente utilizado en el sabbat y las fiestas judías.
JANUCÁ	Fiesta de las Luces, que celebra un milagro ocurrido en 167 a.C. tras la revuelta de los Macabeos.
JAZÁN	Cantor de sinagoga.
JREIN	Nombre en yiddish del rábano blanco. También denomina un condimento preparado con rábano, remolacha rallada y vinagre de vino tinto.
JUPÁ	Palio nupcial para bodas judías.
KNEIDALEJ	Buñuelo de harina de matzá.
KOSHER (o casher)	Alimento considerado puro según el Cashrut.
KREPALEJ	Pastelito relleno.
MATZÁ	Pan ácimo, sin levadura.

MIDRASH	Forma de exégesis de la Torá, compuesta de historias y leyendas, dirigida a facilitar la comprensión de la Torá.
MISHNÁ	Compilación rabínica de las leyes y tradiciones orales de la Torá.
MONDELEJ	Pasta frita.
PÉSAJ	Fiesta de la Libertad que celebra la salida de los judíos del cautiverio de Egipto.
ROSH HASHANÁ	Año Nuevo judío.
SABBAT	El día de descanso, que se inicia con la puesta de sol del viernes y termina con la puesta de sol el sábado.
SCHMALTZ	Grasa obtenida a partir de la piel de las aves, sobre todo de ganso y gallina.
SEFARDÍ	Descendientes de los judíos originarios de la península ibérica, que la tradición judía conoce con el término bíblico de Sefarad.
SHAVUOT	Festividad de Pentecostes, que celebra la entrega de la Torá a los judíos.
SHOFAR	Instrumento musical que consiste en un cuerno de carnero, utilizado de forma solemne en fiestas y celebraciones judías.
SHOJET	Matarife que realiza el sacrificio ritual de animales de acuerdo con el Cashrut.
SUCOT	Fiesta de las Cabañas, que rememora las vicisitudes del pueblo judío durante su deambular por el desierto.
TALMUD	Texto dividido en dos partes, la Mishná y la Guemará, que pretende explicar y codificar las enseñanzas contenidas en la Torá.
TORÁ	Texto del Pentateuco, o los cinco primeros libros del Antiguo Testamento que constituyen la base de la religión judía.
YESIVÁ	Escuela para la formación de rabinos.
YISHUV	Colonia, asentamiento.
YOM KIPUR	Conmemoración del Día de la Expiación, perdón y arrepentimiento, que se celebra diez días después del Rosh Hashaná, o Año Nuevo judío.

ÍNDICE

Presentación	7
«El» libro de recetas	9
Mulahwaja	13
La dieta bíblica	14
La discreta falta de encanto de la cocina de Hollywood	18
La mesa es la celestina de la amistad	24
Pescado asado al estilo de los griegos antiguos	27
La revolución de la carne kosher de 1902	28
La última cena del *Titanic*	32
Amici & tartufi	41
Ars gratia artis	45
De Egipto, la libertad y la cebolla, el ajo, los pepinos…	50
Para aliviar dolores corporales	53
Diario de viaje: Aventuras mexicanas, diosas y chiles	60
La gallina, la auténtica ave del paraíso	65
Goldene iuj	68
El increíble vuelo del mirlo	69
Guirlache	73
El mayor banquete de la historia	74
Carne cocida siria	75
Tainia	76
Johnny Appleseed, el Deucalión moderno	80
Leyendas antiguas, pequeños errores y grandes recetas	84
Navegar es necesario… Y comer también	88
Gefilte fish, unanimidad en las mesas judías	94
Bellahat	97

La cena de los tres emperadores	99
¡Qué idiotas! ¡Se han llevado el dinero y han dejado el *pastrami*!	107
El primer gran baile y el último suspiro del Imperio	113
Caldo de su Alteza Pedro II	118
Solo el pavo muere en la víspera…	119
Consejos para asar un pavo	122
El caldo del olvido	124
El cerco de París	130
Si me olvidara de ti…	133
El ganso marisco	138
Oleum ex albis olivis	141
Tapenade	145
Pierre Poivre, el libertador de las especias	146
Los poderes mágicos de la cocina	152
Halvá para aumentar el vigor sexual	156
El Renacimiento también en la cocina	157
El banquete de los alcaldes	163
«… Condimentado con sal, pura y santa…»	168
Besugo a la sal gorda	171
Aceites aromatizados	172
Un duelo de titanes	173
Pitora	175
Vaca en cubos	180
Té para dos	185
Tributo a un cocinero desconocido	191
Cuanto más viejo, mejor…	195
Pequeño y breve diccionario histórico-culinario	205
Confraternità del Pesto	216
Pizza Margarita	217
Glosario de términos judíos	227